ELOGIOS PARA
EL LIBRO DE HOMBRES

«Stephen Mansfield nos presenta otro libro realmente extraordinario, esta vez abordando un tema tan mal entendido y mal representado por la sociedad de hoy. Él crea un plan para una verdadera hombría, tomando como base a grandes hombres del mundo, uno de los cuales fue mi bisabuelo, Winston Churchill. Felicito a Stephen por la enorme investigación que hizo. Leeré este libro una y otra vez y aprenderé algo nuevo cada vez que lo haga. Verdaderamente, Mansfield es un "verdadero hombre"».

—JONATHAN SANDYS
bisnieto de Sir Winston Churchill

«Estoy harto de ver a los hombres representados en las películas y los anuncios de televisión como idiotas e incompetentes. Vivimos en una cultura que intenta hacer de la masculinidad un chiste de remate, y esto está teniendo un efecto devastador en nuestras familias y la sociedad. En *El libro de hombres: Una guía hacia la verdadera masculinidad*, Stephen toma un paso atrevido y potencialmente ofensivo de llamar a los hombres a que vuelvan a ser hombres. ¡Ya era hora!».

—DAVE RAMSEY
autor *best seller* del *New York Times*

«¡Vivimos en una sociedad acelerada, y aún así muchos de nuestros hombres se quedan sentados sin hacer nada! Ha llegado la hora de dejar la banca y entrar al juego. En *El libro de hombres: Una guía hacia la verdadera masculinidad*, Stephen nos desafía para que hagamos exactamente aquello que Dios nos llamó a hacer: que nos comportemos como hombres y hagamos lo que hacen los verdaderos hombres. Antes de leer este libro ajústese el casco porque su desafío le sacudirá como ningún otro libro. ¡Es una lectura obligada para todos los hombres!».

—MARK BRUNELL
exmariscal de campo de la NFL
director de fútbol americano, Escuela Episcopal de Jacksonville

«*El libro de hombres: Una guía hacia la verdadera masculinidad* apunta al centro de lo que significa ser un verdadero hombre. En una cultura donde la masculinidad auténtica a menudo es sepultada debajo de múltiples falsificaciones y estereotipos, la visión que Mansfield tiene de la hombría es una idea renovada y desafiante. Repleto de biografías inspiradoras de hombres heroicos, entrelazados con la perspicacia espiritual, este libro es uno de acción, iniciación y honor. La sociedad nos dice que ser un hombre verdadero es conducir autos costosos, tener una gran casa, dominar a la mujer y no estar amarrado por nada excepto aquello que prosperará sus propios objetivos. En contraste, Mansfield nos recuerda que para ser un verdadero hombre hay que ser honesto, humilde, compasivo, responsable, valiente y fiel. Espero que muchas personas lean este libro, incluso mis hijos».

—JONATHAN JACKSON

estrella de la exitosa serie de ABC *Nashville*

EL LIBRO DE HOMBRES

OTROS LIBROS ESCRITOS POR STEPHEN MANSFIELD:

La fe de George W. Bush

El papa Benedicto XVI: su vida y su misión

La fe de Barack Obama

EL LIBRO DE HOMBRES

Una guía hacia la verdadera **MASCULINIDAD**

STEPHEN MANSFIELD

GRUPO NELSON
Desde 1798

NASHVILLE MÉXICO DF. RÍO DE JANEIRO

Publicado en Nashville, Tennessee, Estados Unidos de América.
Grupo Nelson es una marca registrada de Thomas Nelson, Inc.
www.gruponelson.com

Título en inglés: *Mansfield's Book of Manly Men*

Publicado por Nelson Books, un sello de Thomas Nelson. Thomas Nelson es una marca registrada de HarperCollins Christian Publishing, Inc.

Las ilustraciones originales son de Clint Hansen.

Editora en Jefe: *Graciela Lelli*
Traducción y adaptación del diseño al español: *Interpret the Spirit, LLC*

ISBN: 978-1-40022-138-7

Impreso en Estados Unidos de América
20 21 22 LSC 9 8 7 6 5 4 3 2 1

A Jim Laffoon

Orgullo de la 82ª División Airborne

Orgullo de los millones a quien enseñó

Orgullo del autor, su amigo.

La masculinidad no es algo que te es dado, sino algo que consigues. Y lo consigues ganando con honor pequeñas batallas.

—*Norman Mailer,* Caníbales y cristianos *(1966)*

CONTENIDO

PRÓLOGO

por

Teniente General William G. Boykin (retirado)

Excomandante, Fuerza Delta

POCOS PERSONAJES EN LA BIBLIA SON MÁS RECONOCIDOS POR su cualidad de hombría que el «hombre conforme al corazón de Dios», el gran rey David. Él fue un guerrero extraordinario, un músico consumado, un autor versado, un hombre de gran sabiduría y, con la misma importancia, un fiel pastor de las ovejas de su padre. Era también valiente, apasionado y ciertamente tenía defectos. David fue un verdadero hombre que logró la grandeza durante su vida, un hombre que todos los hombres de hoy deberían estudiar para aprender de él lo que puedan.

David sabía lo que era ser un hombre. Estando en su lecho de muerte llamó a su hijo Salomón a su lado para darle sus instrucciones finales: «...pronto partiré de este mundo. ¡Cobra ánimo y pórtate como hombre!». Estas son las últimas palabras registradas de uno de los más grandes reyes que haya vivido. De todas las cosas que le pudo haber dicho a su hijo en su último aliento, escogió instruirle que fuera un hombre. Son palabras que jamás debemos olvidar.

Hoy, el concepto de ser un verdadero hombre es algo que todo hombre debería contemplar. La verdad es que la mayoría de los hombres no tienen en claro lo que significa ser un verdadero hombre en la sociedad. El movimiento feminista ha tergiversado gravemente la imagen de la hombría, y esto ha dañado la autoestima en muchos hombres. De igual modo, la constante intervención del gobierno en la estructura familiar de nuestra nación ha contribuido drásticamente a la confusión acerca de lo que Dios espera que sea un hombre. Cuando un gobierno perpetúa el mito de que sus programas son más importantes que los padres en el hogar, naturalmente los hombres sufrirán una crisis de identidad.

Los hombres también enfrentan el falso concepto popular de que las mujeres pueden hacer todo lo que hace un hombre. Esto, también, sirve para emascular a los hombres así como ignora las más altas y nobles intenciones de Dios para los hombres y las mujeres. Y ha producido en nuestra nación una crisis de confusión de género que desfila como una moda popular para la neutralidad de género y nos presenta desde los vestidos unisex a los grupos mixtos de género de combate de primera línea en nuestras fuerzas armadas. Esta es una de las muchas señales de cómo se ha intensificado la crisis de género en Estados Unidos, una crisis que está devastando a los hombres.

Lamentablemente, la mayoría de las iglesias cristianas hacen muy poco para ayudar a esta causa porque fallan en expresar la verdadera naturaleza del hombre más importante de la historia, Jesucristo. Muchas iglesias lo presentan como un hombre manso, débil y casi afeminado; esto hace que muchos hombres sean iguales.

Esa imagen está muy lejos del verdadero Jesucristo. Piénselo por un momento. Jesús fue un carpintero que trabajó con sus manos y levantó piedras pesadas y grandes pedazos de madera. Sus manos tenían callos y cicatrices por el desgaste de la carpintería. Sí, él era el Hijo de Dios, pero también era un verdadero hombre. Hasta les dijo a sus discípulos que vendieran sus capas y compraran espadas cuando salían a realizar su obra y a construir la iglesia. Él estableció en ellos de que había cosas por las cuales valía la pena pelear y hasta morir como hombres.

Él es nuestro más alto ejemplo de hombría, en especial por la magnificencia de su valentía. Jamás debemos olvidarnos de la manera en cómo él entró en el templo en Jerusalén un día. Al ver una conducta que mostraba desprecio al honor de Dios, se hizo un látigo de cuerdas y echó afuera a los cambistas y mercaderes del atrio del templo. Usted puede tener plena certeza de que los que lo vieron hacerlo nunca se olvidaron de cómo dio vuelta a las mesas y ferozmente impidió que hombres fuertes jóvenes transportaran mercaderías por la casa de Dios. Este es el verdadero Jesucristo. Era duro y tosco, pero también la personificación del amor y la compasión.

¿Qué acerca de los hombres de hoy?

La mayoría de los hombres modernos no reflejan la imagen del mejor modelo de la hombría genuina, y como resultado sufre la sociedad. Por ejemplo, muchos hombres están convencidos que es de hombres engendrar hijos, pero no es de hombres tomar responsabilidad por ellos. Por este motivo hay muchos hogares en Estados Unidos llenos de niños, pero el padre está ausente.

Considere las estadísticas sobre el abuso en los hogares en Estados Unidos. ¿Qué clase de degenerado piensa que está bien golpear a una mujer, que de alguna manera al hacerlo está afirmando su condición superior en este mundo a través de la violencia contra aquella persona que él debe proteger?

Esta misma pregunta podría hacer sobre los hombres que tienen relaciones extramatrimoniales. ¿Qué clase de hombre quiebra sus promesas, destruye vidas y viola las leyes de Dios por un amor falso y placeres breves?

Debe ser el mismo tipo de hombre que permite la pornografía, un tipo de intimidad ficticia de la imaginación, que destruye la intimidad genuina con una esposa amante. Por cierto, los hombres que practican estas cosas no están modelando sus vidas de acuerdo al hombre supremo, Jesucristo.

Con razón tanta gente se pregunta en nuestros días: «¡¿Dónde están los verdaderos hombres?!».

Hoy día la hombría sufre. Los hombres parecen estar confundidos sobre lo que Dios quiere de ellos y acerca de cómo deben vivir su llamado a ser hombres. A menudo, cuando me reúno con otros hombres me preguntan: «¿Hay ejemplos de verdaderos hombres que podamos imitar?». Mi respuesta es: «¡Claro que sí!». Permítame hablarle solo de uno.

Mi papá fue un verdadero hombre y un buen modelo para mi hermano y para mí. Gerald Boykin se crio siendo uno de diez hijos, en una granja de tabaco al este de Carolina del Norte. Fue el sexto hijo de un aparcero. Gerald abandonó la escuela secundaria tres meses después de cumplir los diecisiete años para incorporarse en la Marina de Estados Unidos durante la Segunda Guerra Mundial. Sus cuatro hermanos mayores ya habían sido desplegados a las zonas de combate, y Gerald rehusaba quedarse atrás. Naturalmente, él tenía que unirse a sus hermanos para defender lo que creían.

Conociendo a mi padre, tengo certeza de que tampoco quería quedarse al margen a la hora de contar las historias de guerra que se contarían años después en nuestras reuniones familiares.

Su pasión para servir a su país como hombre vino sobre él durante los combates encarnizados del 6 de junio de 1944, el Día D. Gerald fue gravemente herido y quedó ciego del ojo izquierdo. Después que la marina le dio de baja, regresó a la granja de tabaco, se casó con su amor y formó una familia. En 1950, al iniciarse la guerra de Corea, se reincorporó al servicio del ejército de Estados Unidos, el cual tenía un programa para veteranos con discapacidades que aún podían ejercer funciones. Después de la guerra fue dado de baja por segunda vez. Al salir del ejército, Gerald aceptó un empleo con la Infantería de Marina de Estados Unidos, donde sirvió por treinta y dos años como empleado federal. Su servicio incluyó un año en Vietnam y múltiples despliegues a zonas peligrosas.

Gerald nunca esperó que Estados Unidos le diera más que una oportunidad. Toda su vida sirvió a su nación con devoción y enseñó a su familia a amar a Dios y a la nación que con tanta fidelidad él había servido. Su sentido de justicia y valentía moral fueron sus características principales. Gerald tenía convicción de lo que creía, lo que era importante para él y con lo que no estaba dispuesto a transigir. Tenía un corazón de servidor y la fortaleza de carácter para defender sus convicciones. En su vida había causas transcendentales, que se resumían en tres palabras: Dios, patria y familia.

Aunque tenía poca educación, Gerald era un hombre de sabiduría que había tomado seriamente su responsabilidad como padre y mentor, y siempre se fundamentaba en principios. Su sentido de lo correcto o incorrecto era la brújula moral que guiaba su vida. Él jamás culpaba a otros por sus propios errores o deficiencias; siempre asumía la responsabilidad por sus acciones y vivía con las consecuencias. Él fue mi héroe, un hombre verdadero, un hombre varonil.

Quizás algunos lectores esperaban que lo caracterizara como un habilidoso cazador, pescador o un amante de la naturaleza, o tal vez un aficionado del golf. Después de todo, ¿no es lo que pensamos cuando hablamos de los hombres de verdad de nuestros días? Bueno, él también era todas esas cosas, pero estas cosas no lo hacían un verdadero hombre. En cambio, era su disposición de subyugar sus propios deseos y aspiraciones para una causa mayor: su Dios, su patria y su familia. Él ponía en primer lugar el bienestar y la seguridad de otros antes que la propia. Él sabía que había sido bendecido por un Dios soberano y amoroso por ser estadounidense, y creía que su familia era un regalo de Dios por el cual él era responsable.

Quizás algunos lectores esperaban que presumiera sobre la fortaleza física de mi padre. Sí, también era un hombre fornido, con suficiente fuerza para impresionar a otros hombres, pero esto no lo hacía más hombre. En cambio, era su fortaleza moral que lo identificaba como un verdadero hombre, y mi padre tenía mucho de esto. Él era el tipo de hombre que el rey David llamó a su hijo a ser.

¿Y qué de usted? ¿Es usted un verdadero hombre? ¿Puede usted llamarse un verdadero guerrero, protector de la manada, un hombre con una causa trascendente en su vida?

Tristemente, demasiados hombres no pueden identificarse con las características de un verdadero hombre. Por ejemplo, el ideal de un guerrero es demasiado alto para ellos. Lo que hace a un hombre un guerrero es su disposición a colocarse entre lo que atesora y cualquier cosa que lo amenaza. El mayor motivador de un guerrero es el honor. La deshonra es inconcebible. Él hace lo correcto sin esperar ninguna recompensa porque el honor es un valor intrínseco que, al manifestarse en la vida de uno, proporcionará sus propias recompensas.

El protector de la manada arriesgará su propia vida tal como lo hizo el rey David cuando las ovejas de su padre eran amenazadas por un león o un oso. Aunque, por cierto, David temía la fortaleza y la agresión del oso y el león, él venció ese temor porque conocía que el poder de su Dios era mayor. Esto deberíamos recordar. No es que un verdadero hombre no tenga temores; en cambio, vence sus temores soportando las dificultades y las pruebas. Además, así como el rey David, él conoce la fuente de su propia fortaleza: Dios mismo.

Cada hombre debe determinar qué es lo que él atesora y por qué vale la pena sacrificarse. Si un hombre ha de alcanzar su potencial completo como hombre en su vida, debe tener una causa trascendente. Hay pocos hombres que se han hecho un autoanálisis completo para determinar cuál es su causa transcendente, o siquiera si tienen una. No obstante, ha llegado el tiempo: el tiempo para determinar si vale la pena sacrificarnos por lo que atesoramos. Como hombres, no podemos esperar hasta los últimos años de nuestra vida para hacer esta evaluación. Les urjo a que lo hagan ahora, y denle sentido a quienes son como hombres.

Tuve el privilegio de servir por treinta y seis años en el ejército de Estados Unidos con algunos de los hombres más extraordinarios. Debido a que estaba en el equipo de Operaciones Especiales, serví junto a personas que habían sido seleccionadas porque eran los mejores en sus especialidades y estaban enteramente comprometidos con sus creencias y valores. Los he visto realizar cosas extraordinarias a menudo arriesgando sus vidas.

Durante el evento de Blackhawk Derribado sucedido en Mogadiscio, Somalia, en octubre de 1993, dos de mis hombres de la Fuerza Delta, Randy Shughart y Gary Gordon, sacrificaron sus vidas para salvar a cuatro de nuestros compañeros que se estrellaron en un helicóptero en una zona hostil de la ciudad. Con pleno conocimiento de que en ese momento nadie más podía salvar la vida de sus compañeros, estos dos hombres se ofrecieron para ir solos a lo que sabían que era casi seguro una situación fatal. Después de pedir tres veces que se les permitiera salvar a los cuatro hombres derribados, finalmente, se les concedió permiso para ir.

Al final, solo el copiloto sobrevivió para contar la historia de cómo estos héroes saltaron desde un helicóptero en el aire y se hicieron camino luchando hasta llegar al lugar del accidente donde retiraron a la tripulación de sus asientos, y los defendieron hasta que fueron matados. Estos hombres estaban motivados por algo mayor que el interés personal. Estos hombres eran patriotas. Eran hombres.

Ellos, así como otros semejantes a ellos, son la médula de la hombría. En realidad soy optimista, porque hoy hay otros hombres como Shughart y Gordon que no solo sirven en las fuerzas armadas de nuestra nación, pero están sirviendo en muchas maneras en comunidades por todo el país. Algunos son profesionales, pero muchos son obreros de fábricas, granjeros y ciudadanos comunes que han resuelto la incógnita acerca de lo que más atesoran, y están preparados para sacrificarse por lo que valoran. Estos son los líderes del futuro.

Stephen Mansfield provee un plano extraordinario para que cada hombre determine cómo puede lograr ser el hombre que Dios le ha llamado a ser, un verdadero hombre. Stephen utiliza su conocimiento de los principios bíblicos combinado con su extraordinario conocimiento sobre los hombres, y las influencias y distracciones que enfrentan hoy día, para mostrarnos cómo podemos cultivarnos para ser el tipo de hombre que el rey David quería que Salomón fuera.

Este libro debería ser lectura obligatoria para todo hombre. Debemos restaurar el entendimiento de lo que significa ser un verdadero hombre. El futuro de su nación depende sobre el hecho de que los hombres regresen a los principios fundamentales de ser hombres valientes y de valores. Lea este libro y descubra lo que significa ser un verdadero hombre. Tal vez lo que encuentre le sorprenda. Usted será cambiado para mejor e inspirado para ser el hombre que usted quiere ser, es decir, el hombre que Dios quiere que usted sea.

PARTE UNO

Hacer una acción mala es algo vil. Hacer una acción buena sin incurrir en el peligro es muy común; pero parte de ser un buen hombre es hacer obras nobles aunque uno lo arriesgue todo.

Plutarch, tomado del Dictionary of Burning Words of Brilliant Writers *por Josiah H. Gilbert (1895)*

La vida cristiana es acción: no es especular ni debatir, sino *hacer*. Hay solo una cosa en este mundo que tiene el sello de la eternidad estampado. Las emociones cambian; la determinación y el pensamiento cambia; las opiniones cambian, pero lo que has *hecho* permanecerá en ti. A través de todos los tiempos y por la eternidad, lo que has hecho para Cristo, eso y solo eso, eres tú.

Frederick W. Robertson (1816-1853), tomado de Sermons Preached at Trinity Chapel, Brighton, v. III *(1859)*

Nuestro gran cometido no es ver lo que está tenuemente a la distancia, sino hacer lo que está claramente a nuestro alcance.

Thomas Carlyle, del ensayo de Carlyle «Signs of the Times», que se publicó originalmente en el Edinburgh Review *en 1829*

CABALLEROS, COMENZAMOS...

PERMÍTAME EMPEZAR CONTÁNDOLE SOBRE LA NOCHE QUE ME hice un hombre.

Años atrás, estaba viajando por el Medio Oriente haciendo labor de socorro en un país turbulento. Surgió un problema con mi visa. Si todo hubiera resultado de acuerdo al plan, yo hubiera volado a Damasco, viajado nueve horas por el desierto sirio, cruzado el río Éufrates y entrado a Irak. Ya lo había hecho varias veces anteriormente, pero en este viaje nunca logré salir de Damasco.

Sé que esto parece como el inicio de una gran aventura, pero no lo fue. Pasé mis días en el Sheraton de Damasco comiendo malas hamburguesas y discutiendo sobre el fútbol sirio con el portero del hotel, como si yo supiera lo suficiente para opinar. Ahora, no me malentienda: esto se lo contaré a mis nietos como si yo fuera Lawrence de Arabia, pero usted debe saber que no es la verdad. Me aburrí. Comí pistachos por la libra. Leía todo lo que podía encontrar en inglés. Hasta me hice un *bisht* a medida, una elegante túnica a veces usada por los hombres árabes. Lo mandé a hacer y lo usé una vez, me pareció que me veía regio y nunca más volví a usarlo. Esos no fueron mis días más productivos.

Afortunadamente, un amigo mío miembro del parlamento sirio se enteró que me quedé varado y vino a rescatarme. Lo llamaremos Nadeem. Él era la brisa fresca de la hospitalidad árabe. Me llevó a conocer a algunos oficiales que me podían ayudar, me dio un festín en los mejores restaurantes de la ciudad, y me insistió que fuera con él a una iglesia ortodoxa, aunque él sabía que yo no iba a entender una palabra de lo que se decía. El siguiente domingo por la mañana fui con él renuentemente, pero no encontré ninguna barrera de lenguaje. Los abrazos que me daban las ancianas sirias me dijeron todo lo que necesitaba saber. Nadeem sabía que iba a ser así. En esos días él fue un amigo muy bueno.

Y fue por causa de Nadeem que acabé en la terraza de un hotel en el centro de Damasco con una docena de hombres árabes. Allí fue donde me hice hombre.

Nadeem sabía que yo estaba solo, y él quería desesperadamente presumir con su amigo americano, así que decidió organizar una pequeña fiesta. Le insté a que no se molestara, pero él insistió como si todo su honor dependiera de esto. Algunas noches después, me encontré sobre una terraza muy alta de un hotel en Damasco rodeado de altos funcionarios gubernamentales, sus guardaespaldas portando metralletas, varios empresarios muy bien vestidos y un hombre con un *shemagh*, un típico turbante tradicional árabe, que parecía como si recién llegaba del desierto. Por cierto, el desierto estaba tan solo a tres cuadras del lugar.

Era una noche siria sorprendentemente clara. Las tiendas en la terraza parecían respirar con la brisa de la tarde proveniente de las arenas. Parecía algo místico, y yo quería desesperadamente quedarme quieto y en silencio para asimilarlo todo.

Pero Nadeem tenía otros planes. Empezó a presentarme deseosamente a sus amigos y luego insistió que yo les contara toda mi vida desde mi nacimiento junto con todo lo que él y yo habíamos hablado alguna vez. Esto dio inicio a la fiesta, significando que hablamos entre nosotros tan bien cómo podíamos, lo cual hacíamos mal, mientras comíamos castañas de cajú del tamaño del dedo pulgar de un hombre y mucha sandía. Algunos de los más ancianos fumaban la *nargillah*, la intrigante pipa de agua árabe conocida como la *hookah*. Todos eran amables y se mostraban interesados, pero solo podíamos comunicarnos hasta cierto punto a causa de nuestro conocimiento limitado del idioma del otro, y esto hacía que nuestra conversación fuese lenta.

Fue en ese momento cuando los hombres que parecían más conservadores con la *shemagh* se acercaron para hacer una pregunta. Había gran asombro en sus rostros. Era como si estuvieran inquiriendo acerca de uno de los más grandes misterios de Dios.

Resultó que eso era lo que él estaba haciendo.

—Un hijo. ¿Usted tiene? —él preguntó. Le digo que todos los hombres sobre esa terraza pararon lo que estaban haciendo y se dieron vuelta para escuchar mi respuesta.

—Tengo —le respondí.

—Ah —se emocionó—. ¿Su nombre?

—Jonathan —le respondí.

El hombre se dio una palmada y gritó:

—¡Ajá! ¡Entonces usted tiene un nombre nuevo! ¡Usted es Abujon! —De repente había muchas sonrisas y cabezas asintiendo y voces árabes hablando una encima de la otra.

Ellos se daban cuenta de que yo no podía entender. Nadeem trató de explicármelo. Aparentemente, cuando un hombre árabe tiene un hijo, su nombre cambia. A partir de ese momento, se le llama por el nombre de su hijo con el prefijo *Abu*, que significa padre. Aparentemente, los árabes consideran la paternidad tan importante que una vez que un hombre se convierte en padre para un hijo, es honrado por el resto de su vida.

Así que me convertí en Abujon.

Cuando esto se anunció, esa terraza estalló. Los hombres empezaron a darme la mano y palmearme la espalda. La comida llegaba en platos llenos: el mejor cordero que he comido con pan *naan* y una docena de tipos de *baklava*. Parecía que no acababa nunca. Después de un rato, se escuchaba música de alguna parte, y varios de los hombres empezaron a enseñarme una danza árabe, uno sosteniendo su metralleta en la otra mano. ¡Qué *noche*! Al final, alrededor de las tres o cuatro de la mañana, me llevaron de vuelta al Sheraton, y me dieron una palmeada mientras salía del auto.

«¡Buenas noches, Abujon!».

Me fui a mi habitación y, tan cansado como estaba, me senté por horas mirando por aquella ventana la brillante noche de Damasco. Algo me sucedió. Lo podía sentir, pero no podía expresarlo con palabras. Creo que temía que si no me lo explicaba a mí mismo, me despertaría por la mañana y encontraría que esta nueva y poderosa experiencia se disipó.

Pero volvió a mí uno o dos días después. A lo primero fue una gran tristeza, y luego se convirtió en una fortaleza feroz que jamás me ha dejado.

Debería decirle esto: aquella noche en Damasco yo tenía cuarenta y un años, había sido cristiano por veintitrés años, esposo por diecisiete años y padre por trece años.

No obstante, anteriormente jamás en mi vida había sido bienvenido a una confraternidad de hombres. Ni una sola vez. Nunca. Ni tampoco había pasado por algún ritual que marcara los momentos decisivos importantes de mi vida como hombre. Nadie jamás me había dicho: «Felicidades. Ahora estás en la compañía de otros hombres».

Francamente, no sabía que necesitaba escucharlo.

Cuando el momento finalmente llegó, fue un regalo de esos hombres árabes en forma de una bienvenida casi sin palabras. Me dieron un nombre. Me celebraron. Me dieron regalos. Me expresaron claramente que ellos entendían. Me contaron como uno de ellos.

Es imposible describir enteramente lo que esto ha significado para mí. El impacto de esa noche quizás podría resumirlo en una sola palabra: *honor*. Ahora bien, no es que yo no haya tenido honores en mi vida hasta ese momento. Yo me había criado como hijo de un oficial condecorado del ejército de Estados Unidos. En mi juventud yo jugaba ávidamente tres deportes por año y fui reclutado para jugar futbol americano en la universidad. Tenía amigos que habían jurado su amistad para conmigo y yo con ellos. Sabía un poco acerca del honor.

Sin embargo, jamás había sido honrado de tal manera que inspirara la fuerza dormida dentro de mí. El honor nunca había dado definición a mi vida, ni me identificaba a otros hombres con experiencias comunes, o me impartió significancia.

Y aún así, esto y mucho más fue lo que sucedió aquella noche extraordinaria. Nuevas perspectivas conmovedoras se incorporaron a mi manera de pensar. Ser un hombre. Tener un hijo. Entender de repente que la hombría es una vida que se debe vivir y una tribu a la cual pertenecer. De que todos mis años futuros serán formados por una comprensión calma e intensa y que los viviría como hombre (no solo por ser del sexo masculino) y como padre. Saber lo bueno que esto iba a ser para mis seres amados.

Todo esto nació de aquella noche. Pero aquí he tenido que usar más palabras para describir la experiencia que las que se hablaron durante aquellas horas en la terraza. Algunas de las cosas más importantes acerca de mi vida fueron definidas esa noche sin que ninguna de ellas fuera descrita o explicada. Supongo que este es el poder del ritual, la conmemoración y la tradición. Estas imparten más de lo que explican e inspiran mucho más de lo que imaginamos.

Tal vez haya una lección que todos podemos aprender. Arriesgaré ofender a alguien, y estoy seguro de que no será la última vez que lo haga en estas páginas, al decir que sospecho que si tal momento hubiera sucedido en algún lugar del mundo occidental, hubiera llegado con un torrente de palabras. Se hubiera hablado hasta la muerte. Hubiera incluido un libro, un seminario, una serie de CD, horas de discusión sobre el asunto, dos sitios web recomendados, un retiro, y un certificado para colgar en la pared. Tal vez aún estaríamos hablando acerca del tema... sin jamás haber hecho algo al respecto.

Mis amigos de Siria vivían de otra manera. Llegaron a la importante palabra *Abujon* con dos preguntas cortas. Una vez que la proclamaron con gran entusiasmo, no tenían mucho más que decir. No se preocuparon por explicar más al respecto. De hecho, ni siquiera me pidieron permiso. Solo declararon la palabra y luego celebraron mi vida en la tribu de los hombres en una de las fiestas más intensas y varoniles que haya visto. Seis horas después me empujaron por la puerta.

«Ve. Sé un hombre. Sé un padre. Acuérdate que eres uno de nosotros».

Yo había sido un *hombre* por más de cuatro décadas cuando esa noche sucedió. Sin embargo, en esas horas aprendí que uno no es plenamente un *hombre verdadero* hasta que es un hombre entre hombres que respetan lo que significa ser un hombre y que saben inspirar la hombría a través del honor.

El objetivo que tengo con este libro es simple. Quiero identificar lo que hace un hombre genuino —las virtudes, los hábitos, las disciplinas, los deberes, las acciones de la verdadera hombría—, y así hacer un llamado a todos los hombres a hacerlas. Soy sincero con estas palabras. Este libro se trata de la acción. Sin duda hay un momento apropiado para que los hombres hablen acerca de su pasado, sus heridas, las teorías de la hombría, preguntas acerca de los valores y su guerra continua con la sociedad que los rodea; pero aquí no trataré eso. Este libro es acerca de conocer cuáles son las acciones que comprende la hombría y poner por obra esas acciones hasta que los simples hombre se conviertan en *verdaderos hombres.*

Mi convicción, que es la base de todo lo que veremos de aquí en adelante, es que seamos lo que hacemos, somos la suma de nuestros hábitos. Debo brevemente decir que no creo que *solo* somos la suma de nuestros hábitos. Soy cristiano, y por tanto creo que hay otras cosas obrando en nosotros que tan solo el resultado de lo que hacemos. ¡Gracias a Dios! Ser un cristiano es creer que la gracia de Jesucristo rompe con el ciclo interminable e infernal de causa y efecto. No quiero vivir para siempre en la estela cancerosa de mis malas acciones. La gracia interviene. El Espíritu me hace una nueva creación. Soy liberado, aun de mí mismo.

Créame, entiendo este asunto y he basado mi vida en ello. Aún después que la gracia llega a nuestra vida, las virtudes deben ser perfeccionadas. Nuestros hábitos deben formarse. Nuestras acciones deben alinearse con la gracia que hemos recibido.

A menudo nos perdemos el énfasis que hacen las Escrituras. Considere tan solo un versículo sobre este tema: «Esfuércense por añadir a su fe, virtud; a su virtud, entendimiento; al entendimiento, dominio propio; al dominio propio, constancia; a la constancia, devoción a Dios; a la devoción a Dios, afecto fraternal; y al afecto fraternal, amor. Porque estas cualidades, si abundan en ustedes, los harán crecer en el conocimiento de nuestro Señor Jesucristo, y evitarán que sean inútiles e improductivos» (2 Pedro 1.5-8). Por cierto, se nos ha dado una fe y se nos enseña el conocimiento, pero para lograr que estos dos sean productivos debemos dedicarnos al aprendizaje permanente para desarrollar características, actitudes y hábitos. El apóstol Pedro en este versículo lo llama cualidades. De otro modo seremos «inútiles e improductivos» a pesar de la gracia y el conocimiento que poseamos.

Si viviéramos en un mundo ideal, cada hombre aprendería las características de la hombría como parte de un grupo dinámico de hombres justos. Tendría modelos en otros hombres mayores; tendría una tribu y por estos hombres sería iniciado, honrado, desafiado, entrenado, corregido y comisionado. De hecho, en un mundo ideal, un hombre apenas podría identificar qué fue lo que le hizo un gran hombre, un hombre genuino. Todo sería natural y habría sido entretejido en su vida. Él sería *naturalmente* así.

La mayoría de nosotros nunca hemos experimentado algo así, casi ninguno. Es algo perdido, pero no tiene que significar la devastación. En cambio, significa que debemos colocarnos en una posición para asimilar de otra manera las virtudes de la hombría. Por eso escribí este libro.

Mi intención aquí es de ponernos entre verdaderos hombres. Describiré las características vitales de la hombría como se ilustran en la vida de grandes personajes históricos, las vidas que revelan lo que debemos hacer para ser verdaderos hombres. Estos hombres son parte de lo que el Nuevo Testamento llama nuestra «gran nube de testigos». En estas páginas pienso de los hombres como nuestra nube de testigos sobre la hombría.

Imagínese estar sentado con Winston Churchill y preguntarle lo que tuvo que superar para convertirse en un gran hombre. Imagínese hacerle la misma pregunta a Booker T. Washington o Rudyard Kipling o Jonatán, el hijo del rey Saúl. Creo que usar historias inspiradoras de las vidas de los grandes hombres del pasado hará que nuestro viaje sea fascinante. Creo que nos conecta con una herencia y nos señala hacia nuestro destino. Además, nos da las herramientas para definir la hombría para la próxima generación de hombres, aquellos que ponen su mirada en nosotros para que les enseñemos qué deben hacer. Queremos darles mucho más de lo que hemos recibido. Los grandes hombres de la historia, nuestros padres, en un amplio sentido, nos ayudan a hacerlo.

Pero no tema; esto no será un tomo polvoriento con fechas y hombres muertos. La historia puede ser mucho más que eso. Ella vive.

Respira. Puede ser revoltosa y divertida. Ella tiene el poder y la nobleza para impartir.

Los grandes hombres de antaño tienen mucho para ofrecernos y no deberíamos pasar por alto su legado. En estas páginas no lo haremos.

Hay algunos asuntos importantes para dejar en claro antes de empezar.

El primero es el asunto con las mujeres. Es un mal de nuestro tiempo, tal vez de todos los tiempos, donde hay una tensión y competición entre los géneros. Haga una búsqueda de la palabra *hombres* en Internet, y usted verá que la mayoría de las cosas que aparecen tienen que ver con antagonismos, animosidades y las desilusiones que separan a los hombres de las mujeres. La mayoría de las cosas que son a «favor» de los hombres están inherentemente «contra» las mujeres. Lo opuesto también es cierto.

Seamos claros. Este libro es acerca de que los hombres sean fuertes, morales, diligentes y virtuosos, es decir, verdaderos hombres, en parte porque es el mejor regalo que les podemos dar a las mujeres. Este libro no contiene nada que disminuya, descarte o denigre a la mujer. En cambio, gran parte de este libro aborda cómo un hombre es medido por la forma que trata a las mujeres en su vida. Ciertamente puedo comprender por qué algunas mujeres pueden temer a un libro de cómo los hombres pueden ser «verdaderos hombres». En el pasado esto no ha resultado siempre a favor de las mujeres. Pero créame, las mujeres solo sacarán provecho por lo que este libro inspira en sus hombres.

Habiendo dicho esto también debería decir que este libro es *Cosc ar cailíní*, como dirían nuestros amigos que hablan irlandés: «¡No es para las chicas!».

Lo segundo es que vivimos en un tiempo donde la gente es definida en gran parte por su apariencia. El cuerpo *es* de hombre, pero la apariencia *es* de mujer. No hay casi ninguna separación entro lo externo y lo interno, el verdadero hombre dentro de la vasija física que ocupa en esta vida.

Este énfasis excesivo que vemos tiene trágicas consecuencias para algunos hombres. Algunos de nosotros no tenemos la apariencia «varonil» en el sentido tradicional. Somos flaquitos, o sin músculos, o con una voz aguda, o quizás hasta afeminados en la manera que nos movemos. Estas características nos tientan a creer que de alguna forma estamos condenados a vivir de una manera no varonil o masculina, mientras que nuestros amigos más musculares son considerados masculinos solo por su apariencia.

Escúcheme: a mí no me importa cuál sea su apariencia. La hombría, desde mi punto de vista, es acerca de hacer y no importa la apariencia que usted tenga. La apariencia física no me desilusiona ni me impresiona. He conocido grandes hombres que solo tienen un metro de alto. Conozco un hombre que inspira admiración que no tiene brazos ni piernas. He conocido a hombres fuertes y dinámicos que a la distancia parecían mujeres. He conocido hombres inmorales que tenían testosterona de sobra. Es el hacer, las obras, las acciones que transforman a una persona del sexo masculino en un hombre.

Estas son buenas noticias. Cualquier hombre, sin importar su apariencia o su voz, puede ser un gran hombre porque la grandeza masculina se trata de hacer, y no depende de la apariencia. Esto significa que el muchacho con la voz chillona y la cintura de veintiocho pulgadas y el caminar que desearía poder cambiar puede ser un hombre en su sentido más verdadero. También significa que el muchacho con los bíceps de veintiocho pulgadas es responsable por el mismo estándar de hombría, sin importar su constitución física. La verdadera hombría implica la determinación de actuar de acuerdo a la noble definición de lo que significa ser un hombre. Esto está al alcance de cada hombre más allá de cómo él se vea o se escuche.

Por último, debo decir esto: ha llegado el momento de que los hombres sin padre dejen de esperar que alguien les haga de padre. Sé que esto puede parecer duro. Yo he tenido que corregirme a mí mismo con estas palabras. Si usted tuvo una figura paterna amante en su vida, ¡es algo maravilloso! Él ha sido un regalo. Algunos de nosotros no hemos tenido ese tipo de hombre mentor, y podríamos sentirnos tentados de quedarnos sentados esperando que algún día un hombre anciano y sabio vendrá a nosotros para impartirnos los secretos de la vida. Es improbable que eso suceda. Y mientras lo esperamos, nos perdemos las oportunidades que se nos presentan y el rol que podemos asumir en nuestro mundo.

Para ilustrar esto, usaré una escena de aquella magnífica metáfora acerca del sentido de la vida en *El Show de Andy Griffith*. Cada una de las grandes verdades eternas es representada en algún episodio de esta serie clásica. En el episodio al que me refiero, Andy Taylor, el sheriff de Mayberry, había salido del pueblo. Su oficial, Barney Fife (el famoso actor Don Knotts) queda a cargo y autoriza como agente de policía al mecánico local que se llama Gomer (papel actuado por el famoso Jim Nabors).

Una tarde los dos oficiales están caminando por la calle cuando se dan cuenta de que alguien está robando el banco. Se esconden detrás de un automóvil. Tienen miedo y no saben exactamente qué hacer. Al fin, Gomer mira a Barney y le dice con gran emoción: «¡Shazam! ¡Tenemos que llamar a la policía!».

Muy exasperado, Barney le responde: «¡Nosotros *somos* la policía!».

Esto es muy parecido a la situación en que muchos hombres se encuentran hoy. Saben que algo está mal. No se sienten enteros, no han sido enseñados por un padre y están confusos sobre lo que significa ser un hombre. No tienen idea de lo que deben hacer. Quieren llamar a alguien. Están esperando un rescate, pero este no llega.

Entonces miran a su alrededor y se dan cuenta de que nadie jamás entrará a sus vidas para enseñarles lo que necesitan saber. Tendrán que aprenderlo por sí mismos. Ellos *son* «la policía». Tal vez deban unirse con otros para ayudarse mutuamente y así ganar lo perdido en este asunto de ser hombres. De hecho, a pesar de lo inseguros que son, otros han puesto sus miradas en *ellos* para que sean padres y los miran a *ellos* para definir lo que significa ser un hombre.

Hay solo una cosa que se puede hacer: hacerse hombre. Aprenda rápido. El tiempo pasa y hay una generación que está esperando.

Confío que este libro hará la tarea más fácil. Pongámonos en acción.

—Stephen Mansfield

¡DENOS HOMBRES!

¡Denos hombres!
Hombres, de todos los rangos
nuevos, libres y francos;
hombres de pensamiento y lectura,
hombres de la luz y líderes,
hombres de formación leal,
que aceleran el bienestar de la nación;
hombres de fe y no ficción,
hombres de objetivos nobles en acción;
denos hombres—O vuelvo a decir,
¡denos hombres!

¡Denos hombres!
Los fuertes y robustos;
hombres que inspiran gran esperanza,
hombres con el fuego más puro del honor,
hombres que tienen su propio orgullo bajo control,
hombres que hacen que su nación los corone
como hijos nobles,
dignos de sus señores;
hombres que jamás avergüenzan a sus madres,
hombres que jamás fallan a sus hermanos,
son verdaderos, sin importar la falsedad de otros;
¡denos hombres!—Vuelvo a decir,
¡denos hombres!

¡Denos hombres!
Hombres que cuando la tempestad se avecina,
han entendido el estándar de sus padres

en lo recio de la batalla;
hombres que luchan por el hogar y el altar,
(que los cobardes tiemblen y flaqueen),
¡Dios defiende al justo!
Verdadero como la verdad abandonada y solitaria,
tierno, como solo son los valientes
hombres que honran donde otros santos han pisado,
hombres para la nación, el hogar y Dios:
¡denos hombres! Vuelvo a decir, una y otra vez,
¡denos hombres!

—JOSIAH GILBERT HOLLAND

LAS MÁXIMAS SOBRE LA HOMBRÍA

Los hombres están en crisis. Lo sabemos. Se han hecho libros, seminarios, retiros, conferencias académicas y toda clase de reuniones donde los hombres van a escuchar y hablar sobre el tema. Al mismo tiempo que estas palabras son escritas los hombres quedan rezagados detrás de las mujeres casi en todos los campos medibles de logro. Si las estadísticas son ciertas, y si los anuncios de la televisión son algún tipo de indicador, los hombres de hoy son infelices, se odian a sí mismos, están adictos al placer, son inmaduros y menos productivos.

Tres títulos recientes nos cuentan la historia. Uno de ellos, y es un libro importante escrito por un autor serio y una editorial muy seria, se llama *Is There Anything Good About Men?* [¿Tienen algo de bueno los hombres?]. Otro, escrito por un legendario sociólogo se llama *The Demise of Guys* [La desaparición de los hombres]. ¿Y el tercero? *The End of Men: And the Rise of Women* [El fin de los hombres: Y el surgimiento de las mujeres].

Dan ganas de llorar.

Hay muchas razones para esta crisis de hombría en nuestro tiempo, pero no voy a pasar mucho tiempo describiéndolas. Aquí no haremos eso. Además, ese es el punto donde muchos libros y programas para hombres se equivocan. Estos describen y analizan, confundiendo la conversación con un cambio significativo. Substituyen las palabras por acciones, y no ha dado resultado.

Por favor, no me malentienda. No estoy en contra de las palabras. Yo también escribí varias docenas de libros. Tampoco estoy en contra de la erudición y el análisis cultural; estos dos forman parte de lo que hago. Ni tampoco soy anti-intelectual. Nuestro mundo necesita más pensadores serios, no menos de ellos. Lo que no debemos permitir es que los pensamientos sustituyan la acción; esto es lo que nos está matando.

Para poder explicar por qué creo que esto es verdad, debo definir las cuatro máximas que enmarcan la visión de la hombría a la que urjo en estas páginas. Estos son los pilares sobre los cuales las otras verdades de este libro se apoyan, y dan significado a las disciplinas y las virtudes que pido que los hombres incorporen en sus vidas. Yo creo que estos cuatro pilares de la hombría son lo esencial para convertirse en un verdadero hombre.

LA MÁXIMA # 1 DE MANSFIELD SOBRE LA HOMBRÍA

ALGUIEN UNA VEZ INTENTÓ RESUMIR UN PRINCIPIO EN LA obra épica de Aristóteles: *Poética,* con las siguientes palabras: «La acción es carácter». Ahora bien, cuando Aristóteles escribió *Poética,* en realidad estaba describiendo los elementos de un drama, y no necesariamente lo que yo quiero decir aquí. Pero, aun así, su premisa fundamental es verdad: conocemos el carácter de una persona por lo que hace. Digo exactamente lo mismo, pero no me refiero a lo que sucede sobre el escenario. Me refiero a la vida de un hombre.

Yo creo algo bastante radical: la verdadera hombría viene por hacer las obras que hace un hombre. Es la maestría de un conjunto de comportamientos.

Al usar palabras como un *verdadero hombre* o la *hombría,* no me refiero al tipo de comportamientos que vemos en la falsa masculinidad que hoy nos rodea. No hay nada de hombría en que un hombre tome bebidas alcohólicas hasta vomitar en la calle. No hay nada de hombría en que un hombre salga a cazar mujeres como una bestia predadora y luego devorarlas por placer antes de echarlas a un lado. No hay nada de hombría en engendrar un hijo y después huir como un cobarde antes de que el niño nazca. No hay nada de hombría en dominar a una mujer o tratarla como una sirvienta o dejarla con las cargas que no le corresponden.

El solo pensar que estas acciones conforman la verdadera hombría es como pensar que un «club de caballeros» es en realidad para caballeros. No lo es. En cambio es un palacio para la perpetua adolescencia donde los varones incompletos intentan conseguir de manera barata lo que no tienen tripas para conseguir con justicia para sí mismos.

Incluso los placeres legítimos que los hombres tradicionalmente disfrutan no los hace necesariamente hombres. Ciertamente no hay ninguna hombría particular en mirar los deportes o fumar cigarros o aventurarse a la naturaleza o vestirse con un traje de último corte de moda, o comer grandes cantidades de comidas. Nada de esto es inherentemente malo. Yo lo hago de vez en cuando, pero ninguna de estas cosas tampoco es inherentemente masculina.

Hablemos claramente: ninguna de las cosas que digo aquí define la hombría. Yo me refiero al tipo de hombría vivida por hombres valientes, afectuosos, de principios, que son apasionados. Puntualizo el tipo de hombría que conduce a una familia sana, una mujer segura, un hijo confiado y una comunidad fuerte. Estoy hablando de una hombría enraizada en la herencia, el honor y la devoción a la tribu. A veces puede ser alborotada y deseosa de la diversión, pero siempre está al servicio y nunca deja de tener en cuenta los límites del territorio que se le asignó.

Por cierto, es verdad que este tipo de hombría usualmente se desarrolla a partir de ciertas creencias. Pero nuestra sociedad ha discutido acerca de valores y creencias sin cesar. A veces somos como el equipo de fútbol sentado en el vestuario alardeando de cómo vamos a despedazar al otro equipo, pero eso nunca sale del vestuario para hacerse realidad en el campo de juego. ¡El vestuario es el mejor lugar para pasar un rato y hablar fanfarronerías! Pero no es el partido. No es tomar el campo. Eso requiere acción.

Desafortunadamente, la mayor parte de la hombría moderna está perpetuamente en el vestuario, hablando sin cesar. Sin embargo, al final de cuentas uno conoce a un hombre por lo que cree y por lo que hace. No por lo que se queda sentado solo hablando. No por lo que él dice que siente. Es solo cuando actúa, es decir, cuando hace algo, que comenzamos a saber lo que es.

Acción es carácter. Hombría es acción.

Algunas personas se sentirán incómodas con esta conclusión. Querrán decir que la verdadera hombría viene de otra cosa. Un hombre se convierte en un verdadero hombre al recuperar su naturaleza salvaje; o un hombre se hace un verdadero hombre cuando comienza a resistirse a ser sobredomesticado; o un hombre se convierte en un verdadero hombre siendo como Jesús, como Gandhi o Bono.

Hay algo de verdad en todo esto.

Después de todo, cuando un hombre empieza a seguir a Jesús, o es liberado o sanado, o es desencadenado, ¿cómo sabemos que es un hombre de verdad? Solo podemos saberlo si actúa como uno. Si se comporta en la manera que sabemos que los hombres se comportan. Si hace las cosas que hacen los hombres.

El gran error que hemos cometido en nuestra generación es pensar que podemos formar un hombre con palabras. Por cierto, las palabras son necesarias. Pero no solo con palabras. Mas por haber usado palabras como nuestra herramienta principal para formar hombres, hemos hablado al hombre moderno hasta su muerte; ha sido inundado en un mar de palabras. Tiene lenguaje para cosas que ni siquiera ha pensado en hacer, etiquetas de una docena de sistemas de terapia, listas y descripciones, eslóganes ingeniosos para mantenerlo inspirado.

Está bien, ¿pero lo han convertido en un hombre? ¿Lo han llevado a actuar en maneras nobles y con hombría? Generalmente no, sino que lo han aburrido hasta la muerte, o peor aún, lo han hecho sentir como víctima; o aún peor que eso, le han hecho sentir entendido, como si ser entendido fuera el significado de la vida.

Aquí está la pregunta: ¿cuándo empezará a hacer algo? ¿Cuándo actuará?

Yo creo que cuanto más se habla, menos se actúa. Creo que cuanto más drama, menos hombría hay. Además creo que cuanto más se habla, la hombría se hace y parece más compleja e inalcanzable a la mayoría de los hombres, particularmente debido a que el hombre promedio no necesita de muchas palabras para empezar con ¡cualquier asunto!

Óiganme caballeros: los verdaderos hombres hacen cosas, cosas de hombres. Solo los varones que quieren aparentar que son hombres solo hablan. La hombría se vuelve realidad en el hacer.

Hay un video que de vez en cuando miro por YouTube que me hace acordar sobre esta verdad. Al empezar el video una multitud forma un círculo en una instalación deportiva, y dentro de ese círculo dos combatientes se enfrentan uno al otro. Tienen puestos guantes de boxeo, pero uno puede darse cuenta de que están por entrar en una pelea a contacto pleno. Los dos boxeadores se precalientan dando patadas en arco hacia atrás y una combinación de golpes impresionantes. Lo pone a uno sentado a la orilla del asiento. Uno se da cuenta de que será una pelea de las buenas.

El referí presenta a los contrincantes y da la señal para iniciar la pelea. Uno de los boxeadores es un atleta impresionante. Hace un continuo movimiento hacia adelante con una patada voladora rotativa que hace delirar a las multitudes. Da constantes giros, al punto que parece un rotor humano desafiando a su oponente a que entre a las palas de sus habilidades finamente perfeccionadas.

El otro boxeador también parece estar en buen estado físico, pero salta y amaga al aire como otros boxeadores que ya hemos visto. Uno se siente bastante seguro de que el primer boxeador le dará una paliza al segundo.

Aún después de que el referí da la señal de inicio, el primer boxeador sigue desplegando sus habilidades con los giros, y es impresionante. El segundo boxeador solo observa, salta y da golpes al aire.

Al final, estando el primer boxeador en una manía de giros, la multitud delira con emoción. Entonces el segundo boxeador da dos pasos hacia adelante dentro de los rotores y encarniza un golpe en la cabeza del otro hombre, justo cuando la cabeza estaba saliendo del giro. Y el golpe noqueó en frío al boxeador giratorio. El segundo hombre espera un momento para asegurarse de que Palas de la Muerte haya quedado permanentemente derribado. Y lo está. Entonces el segundo boxeador da la señal universal «¡Gané/Gol!», con las dos manos levantadas al aire y luego se va. La pelea se acabó.

Ahora bien, ese primer boxeador era un atleta impresionante. En verdad podía girar habilidosamente, pero se olvidó que los boxeadores deben pelear. La pelea no se gana dando vueltas. Se gana peleando.

Creo que lo mismo sucede con los hombres. Para ser un hombre uno debe hacer cosas de hombres. Usted puede hacer otras cosas, aun cosas que hacen las mujeres, pero no será un hombre. Un hombre hace cosas de hombre. Esa es la forma que podemos saber que es hombre. Es como nos beneficiamos de lo que significa para él ser un hombre.

Desarrollaremos más acerca de esto en las próximas páginas, pero por ahora tome nota de la máxima #1 de Mansfield sobre la hombría: *Los verdaderos hombres hacen cosas de hombres.*

«LA HOMBRÍA EN SU NIVEL MÁS BÁSICO SOLO PUEDE SER VALIDADA Y EXPRESADA CON ACCIONES».

—George Gilder, en Suicidio sexual *(1973)*

LA MÁXIMA # 2 DE MANSFIELD SOBRE LA HOMBRÍA

NUESTRA SEGUNDA MÁXIMA ES TAN IMPORTANTE QUE CASI podría ser la única. Es la clave. Es el método. Es la visión. Es casi todo el propósito de la hombría. Cuando vivimos esta máxima son pocas las cosas en las que podemos errar. Casi todo sale mal cuando no vivimos de acuerdo a ella. De hecho, lo primero que resultó mal en el mundo fue porque el primer hombre no vivió esta verdad.

Permítame empezar con una ilustración. En mi juventud era un buen jugador de fútbol americano porque era alto, fuerte y bastante rápido para mi tamaño, razón por la cual mis entrenadores me ponían al final, en la línea de defensa. Poseía la mayoría de las habilidades necesarias para jugar en esa posición, pero lo que me faltaba era el cerebro.

Una vez que me daba cuenta a quién arremeter o derribar, podía hacerlo bien. Esta importante revelación me llegaba muy pocas veces hasta que el hombre con la pelota ya había avanzado el campo. Podría decir que mis entrenadores no estaban muy contentos conmigo. Después de las prácticas corría muchas vueltas, hacía muchas flexiones, y pasaba mucho tiempo escuchando a mis entrenadores decirme cosas acerca de mi nacimiento y sobre las partes de mi cuerpo que yo no conocía.

Afortunadamente, uno de mis entrenadores jugó en la NFL, y él sabía lo que debía hacer. Un día, explotó con frustración y me agarró por el protector frontal del casco y me arrastró a mi lugar en la línea de defensa. Entonces, su cara se puso roja y furioso, escupiendo palabras, me dijo: «¡Escúchame, pedazo de @*#%! ¡Te lo diré en simples palabras porque eres tan @*#% y estúpido! Este», y empezó a arrastrarme por el perímetro de un recuadro imaginario, «es tu territorio. Nadie, absolutamente nadie, pasa por este territorio con la pelota. Jamás, ni una vez. Y si vuelve a suceder otra vez voy a hacer que desees jamás haber nacido. ¡¿Entendiste idiota?!».

Al entrenador le hubiera hecho bien asistir a una o dos clases para controlar su ira, pero era un genio. Cuando se trataba de anticipar la opción en las jugadas y leer «las miradas» y hacer cosas que no podía discernir, así como «el hilo de las jugadas», yo me sentía perdido. El entrenador me lo explicó de una manera muy sencilla. Este es tu territorio. Aduéñate. Cuida tu zona enmarcada. Repele a todos los invasores. Caza y derriba toda amenaza y desármala.

Esto era algo que yo podía entender y hacer. Y así me convertí en un mejor jugador. Lo que me ayudó fue que ese entrenador sabía cómo reforzar la lección. Una vez en un partido cuando fallé en cuidar mi territorio, me dijo que me encontrara con él en el campo temprano la mañana del lunes siguiente antes que comenzaran las clases de la escuela. Llegué temprano esa mañana oscura y fría; era a fines de noviembre en el estado de Iowa. El entrenador se encontró conmigo y me dio una tijera. Me dijo que quería que yo «cortara» el césped de mi territorio. Me dijo que si pusiera más atención en ello, tal vez podría cuidarlo mejor. Así que pasé la siguiente hora temblando, de rodillas, tratando de ver claramente para cortar el césped con la tijera.

No puedo describir la diferencia que esto hizo en mi simple manera de pensar. Todos los días de esa semana escolar corté el pasto, y llegué a conocer todos los lugares de mi territorio donde faltaba césped, había piedras y tenían parches. Y como lo conocía tan bien y sufrí tan miserablemente por el lugar, me hice proteccionista, justo lo que ese entrenador siniestro quería lograr. Él quería que yo me adueñara de mi parte del campo, que ocupara mi territorio. Y lo hice. Francamente, me obsesioné un poco. Me di cuenta de que no quería que nadie pisara las hojas de hierba que se habían hecho mis amigas matutinas.

Empecé a derribar a los corredores y pulverizar a los bloqueadores que se atrevían a interponerse en mi camino. Al poco tiempo, me di cuenta de que la mejor manera de mantener al enemigo fuera de mi territorio era derribar temprano al mariscal de campo y quitarle la pelota. Y yo hacía esto seguido. Ya poseía la fuerza y la velocidad que necesitaba mucho antes de que el entrenador me convirtiera en un caso mental. Solo necesitaba entender cuál era mi función y tener una razón emotiva para hacerlo. Defender mi territorio, y proteger a mi césped amigo, era suficiente motivo.

Aunque quizás esta ilustración podría llevarlo a pensar si estoy sano mentalmente, permítame decirle que describe una de las características definidas de la hombría genuina y eficaz.

Escuche.

A todo hombre se le ha dado un territorio. Vamos a llamarlo un campo. Tal vez a algunos hombres les ayuda a ver esto más como una zona. Definiremos este territorio como aquello por lo cual el hombre es responsable. La clave para una hombría vigorosa es que el hombre tome plena responsabilidad, atienda, permanezca en guardia y se asegure de la buena salud del campo que se le asignó.

Cuando un hombre se inicia en el mundo, quizá la única responsabilidad que tenga sea medio dormitorio en la universidad, y un automóvil oxidado. Tal vez solo tenga un trabajo a medio tiempo, tareas de estudio, y hacerse responsable por el cuidado de su cuerpo y alma. Estas cosas conforman su campo, todo aquello por lo que es responsable. Todo. Si es un hombre serio que sabe algo sobre la hombría genuina, él atiende esas cosas con gran celo y devoción. Estas comprenden el campo que le fue asignado para esta temporada de su vida, y sabe que los verdaderos hombres atienden sus campos.

Su mayor desafío es aprender a «poseer» su propio territorio como un estilo de vida. Si sale en una cita, él entiende que es responsable: no porque la dama sea débil y estúpida, sino porque él la invitó a salir, y en la mente de un verdadero hombre esto significa que él es responsable. Él se asegura de que su invitada se sienta protegida. Él se asegura de que pueda hacer lo que prometió hacer, salir a cenar, ver una película, andar a caballo, los arreglos con los amigos, y no viola los límites de ella ni los límites de Dios.

Esto parece muy «a la antigua». Lo es. Acostúmbrese. Ser un verdadero hombre en esta generación tiene mucho que ver con recuperar algunos de los senderos antiguos que jamás debimos haber puesto a un lado.

Entonces, un hombre toma responsabilidad por su campo aun si ese campo solo es un dormitorio universitario, un auto viejo y feo, una maleta con ropa, sus estudios y alguna cita de vez en cuando. Él toma responsabilidad por su área porque sabe que es su deber como hombre. Además, también sabe que cuando un hombre atiende su campo, eso conducirá a un campo aún más grande.

Si nuestro joven atiende bien este primer campo, eventualmente tendrá una esposa, un hogar y un trabajo significativo. Entonces, tal vez, vendrán los hijos, un mayor ingreso para administrar y una función para desarrollar en la comunidad. Él no resiente estos deberes. Él toma responsabilidad de su área por amor de aquellos que le han sido confiados, y el llamado de Dios. Él toma responsabilidad por el campo que le fue asignado porque sabe que fue puesto en la tierra para hacer esto. Además, él sabe que la fidelidad de hoy es la clave para el incremento futuro. Por tanto, él cuida y nutre aquello que le fue asignado. Con el pasar del tiempo, ¿quién sabe? Su arte tendrá un impacto significativo en una gran audiencia. Su mensaje se escuchará ampliamente. Influirá en más mentes y corazones. Tal vez se le confíe con administrar una ciudad, dirigir una iglesia o una nación.

Tome responsabilidad de su territorio, esto es lo que hacen los hombres. Es la manera que los hombres aman. Y también la manera en que el incremento llega.

La gran falla de los hombres es exactamente lo opuesto: la negligencia. Ya puede imaginarse la escena. Un hombre sentado en una silla reclinable con una camiseta manchada y pantalones de gimnasia, un control remoto y cerveza en mano, y le grita a su esposa que le prepare un sándwich antes que empiece el tercer tiempo. Esta persona se siente con derechos; trabaja arduamente en la fábrica o en su oficina. Hacer nada frente al televisor es su recompensa.

Pero, su campo necesita atención. Su esposa está adolorida y exhausta. Está aumentando de peso y empieza a cojear. Su hija casi nunca está en casa y cada vez más protege su privacidad, y todo lo que está en su cartera. Su hijo se mira raro, con granos y con un creciente resentimiento; cada vez pasa más tiempo encerrado en su habitación.

La casa podría ser muy bonita si hiciera cientos de reparaciones pequeñas. La familia no se ha reído junta ni comido junta por meses, y el jardín se ve tan feo que los vecinos pasan meneando la cabeza. Su familia solía ir a la iglesia junta y hablar de cosas importantes. Solían hacer proyectos juntos para juntar dinero para los viajes de verano a la playa. Solían servir en el refugio para indigentes.

Ahora solo se dicen palabras ásperas y resentidas entre ellos. El dinero es escaso. Cada vida revela el profundo daño que va en aumento. El hombre y su esposa por años no se han tocado entre ellos.

Quizás este es un ejemplo extremo, pero estoy describiendo a una familia que conozco. Además, sé que en la medida que un hombre se acomoda la panza en su sillón reclinable, protesta de que su hijo no corta el jardín, que su hija no limpia la casa y que su esposa no prepara una comida decente ni se prepara para la cama. Típicamente, él culpa, acusa y protesta; está enojado.

La clave del cambio está en sus manos. Todas estas cosas están sucediendo en su guardia. Él es responsable. Él no es el dueño de las vidas en su casa, pero es responsable por ellas, por su salud espiritual y su rectitud moral y el sentido que tienen acerca de para qué fueron creados. Él es responsable de proveerles, por supuesto, pero también de nutrirlos, entrenarlos, y ayudarlos a cumplir su propósito en esta vida. Él no tiene que hacer todo, pero él es responsable de asegurarse de que todo se haga, primero cuidando las mentes y los corazones y luego garantizando un hogar donde hay amor y aliento, y finalmente dando forma a la parte física de su territorio para que una vida noble sea posible.

Todo esto es su responsabilidad de cuidar y cultivar, velar y mantener. Si él tomara responsabilidad de su territorio, cosecharía grandes recompensas, particularmente de los corazones de aquellos que él dice amar. En cambio, su premio mezquino es una cerveza, un sándwich mal hecho, una familia amargada, y una vida en declive.

Este es el panorama general: la responsabilidad de un hombre es conocer qué es lo que abarca el campo que le fue asignado. ¿Quién le «pertenece» a él? ¿Qué es lo que está bajo su responsabilidad? ¿Cuáles son los límites que debe cuidar? ¿Cuáles son las fuerzas físicas, morales, emocionales, espirituales, intelectuales, que él debe proteger? ¿Qué debe hacerse? Y, por cierto, ¿qué es lo que Dios requiere?

Entonces, después de responder estas preguntas, el deber del hombre es cultivar ese campo, proteger sus límites, asegurar su salud, proveer generosamente, y llenarlo de amor para que prospere.

Hay mucho más que decir sobre esto, pero por ahora vamos a resumir la máxima #2 de Mansfield sobre la hombría: *Los verdaderos hombres cuidan sus campos.*

«LOS GRANDES TRABAJOS SUELEN IR A LOS HOMBRES QUE DEMUESTRAN SU HABILIDAD PARA SUPERAR LOS PEQUEÑOS».

—Theodore Roosevelt, citado en The Management Review, *vol. 6, American Management Association (1919)*

LA MÁXIMA # 3 DE MANSFIELD SOBRE LA HOMBRÍA

LA MÁXIMA # 3 SOBRE LA HOMBRÍA ES DE VITAL IMPORTANCIA, pero concédame un minuto para empezar a explicarla. Primero quiero contarle una historia que nos ayudará a entenderla mejor.

Hace poco, hice un cambio de lo que llamaremos un sistema de computadora de categoría B a uno de categoría A. Ahora bien, durante muchos años utilicé el sistema de computadoras B, y el mayor desafío que tenía era aprender lo que necesitaba saber. Cuando compré la computadora B la encendí y se quedaba mirándome, mientras el cursor en la pantalla quedaba titilando. Tuve que conseguir el libro y hacer lo que me indicaba, y así la computadora empezaba a hacer algunas cosas. Cuando quise que la computadora hiciera más cosas, e instalé un programa nuevo, tuve que conseguir otro libro y aprender cómo funcionaba ese nuevo *software*. De hecho, a veces tenía que ir a conseguir un libro sobre por qué el segundo programa había arruinado el programa que ya estaba instalado en la computadora. Dado que diferentes compañías habían creado los programas, sus productos no interactuaban juntos correctamente. Lo mismo sucedía al agregar nuevos componentes a la computadora. Más libros. Más debates tecnológicos. Más libros sobre cómo los libros que debaten las tecnologías no le dicen todo lo que necesita saber.

Al final, después de soportar mis muchas horas de quejas, el malhumor técnico, mi maravillosa esposa, Beverly, decidió hacer un cambio. Ella había usado por mucho tiempo el sistema de computadoras A y sabía lo que me faltaba.

Un día, quitó de mi vida todos los sistemas de computadoras B: cada uno de esos programas rencillosos y los componentes de mal funcionamiento, junto con las docenas de libros que estos requerían y me dio una computadora portátil y el teléfono inteligente que va con el sistema de computadoras A.

Apenas puedo encontrar las palabras para describir lo próximo que sentí. Digamos que todo se ajustó muy bien. Encendí la computadora y todo lo que necesitaba estaba ahí. Cada vez que hacía algo, lo próximo que tenía que hacer era bastante obvio. Alguien ya lo había pensado todo y creó una manera para que fuera fácil.

Después de un tiempo, me di cuenta de que algo importante estaba sucediendo. No era que yo estaba experimentando la revolución técnica, a pesar de lo sorprendente que era este nuevo sistema. Era una revolución educativa. Nunca tuve que abrir un libro ni tomar una clase. Ni siquiera recuerdo consultar un sitio de Internet. Me convertí en un usuario bastante sofisticado del sistema de computadoras A, y todo lo aprendí haciendo o aprendiendo de otros a mi alrededor. De hecho, aprendí lo suficiente para enseñarle a otros sin jamás tener que abrir un libro. Por solo hacer y ver cómo otros lo hacían me hice más eficaz como nunca lo había sido. Tan solo por hacer y ver el ejemplo de otros.

Más tarde se me ocurrió que esta había sido la manera que aprendí la mayoría de las cosas que definieron mi vida. Por ejemplo, a una temprana edad me convertí en un buen jugador de fútbol. No aludo a haber sido el regalo de Dios para la NFL, pero era bastante bueno jugando. ¿Y cómo llegué a ese punto? Jugando y por el ejemplo de otros. Quizás algo de entrenamiento. Sin libros, seminarios, ni largas lecciones. Alguien hacía algo, yo observaba; y luego lo hacía. Con el pasar del tiempo fui mejorando. Eso fue todo. Así fue como aprendí el sistema de computadoras A. Y también es la manera como temprano en la vida aprendí a conducir, salir de citas, cortar el césped, estudiar, encontrar los mejores lugares de pizza, y vestirme de manera genial y única. Por el lado oscuro, también fue la manera en que aprendí a mentir, pelear, robar, blasfemar y a esconder porno. No obstante, el punto es que la mayoría de las cosas que moldearon mi vida las aprendí por hacerlas y por el ejemplo de los demás.

Tal vez esta sea la manera que todos los seres humanos aprenden mejor, pero con certeza es la manera que la mayoría de los hombres aprenden lo que es importante: haciendo y por el ejemplo de otros. Aun así, extrañamente, cuando la sociedad quiere que los hombres sean mejores les da libros y los envía a tomar clases. Esto ha resultado en espectadores varoniles, no en mejores hombres.

Hace unos años recuerdo que estaba escuchando a un obispo africano describir las cosas hermosas que sus iglesias estaban haciendo en una región difícil de su país. Cientos de nosotros lo estábamos escuchando y nos sentimos profundamente conmovidos. Después que él habló, el obispo tomó preguntas. Alguien preguntó lo que muchos de nosotros queríamos saber: ¿por qué no suceden aquí en nuestro país las cosas que usted nos describe?

El hombre no era diplomático. Eso me gustaba, y me gustó aún más después que respondió la pregunta. Él le dijo: «La razón de por qué este tipo de cosas no suceden en su país es porque ustedes, los americanos, estudian a Dios. Nosotros, los africanos, lo adoramos. Ustedes se hacen más inteligentes. Nosotros somos cambiados y luego cambiamos al mundo que nos rodea».

Yo pensé que la audiencia se iba a amotinar. Pero, el obispo aún no había terminado. Aún me recuerdo las palabras que siguieron. «Al hacer en lugar de estudiar, creamos una cultura. Los nuevos creyentes y los jóvenes se alimentan de esa cultura. Observan. Hacen. Y ellos también son cambiados. Nuestra cultura se extiende. Ustedes, los americanos, han creado un sistema de pensamientos. Lo que más piden es que la gente contemple nuevas ideas. Tal vez le pidan a la gente que dé o a veces que asistan a una reunión, pero no se crea ninguna cultura atrayente. A los nuevos y a los jóvenes no se les ofrece nada más que pensamientos. Así que piensan, pero no hacen».

Nosotros somos cambiados. Nosotros creamos una cultura atrayente. La gente se alimenta de esta cultura y cambian al mundo.

Yo creo que lo mismo sucede con la formación de un hombre. Podemos inspirar y enseñar al hombre con el estudio de palabras, libros y clases. No obstante, solo podremos formar a los hombres por medio de una cultura atrayente creada por otros hombres genuinos.

Lo bueno de esto es que sucede naturalmente. Si pone a un hombre joven, sin formación, en la presencia de un hombre mayor, ese proceso empieza automáticamente. Es tan solo la consecuencia de la manera en que los hombres están formados. El joven observa, escucha y medita. Pronto se convierte en lo que contempla. Él comienza a moldearse a sí mismo, casi sin proponerse, a la semejanza de estos impactantes hombres mayores. Esto puede suceder sin que el hombre mayor se proponga a enseñar una lección o que se dirija directamente al joven. Es el resultado del poder atrayente de una hombría genuina y la manera en que los hombres asimilan intuitivamente la cultura de los hombres que los rodean.

Tuve pocos mentores durante mi juventud. Mi padre era relativamente distante y a menudo estaba de viaje cumpliendo una misión. Tuve entrenadores y maestros que dejaron su marca, pero la carrera militar de mi papá hizo que tuviéramos que mudarnos a un nuevo puesto casi todos los años. Nadie tenía la oportunidad de moldearme por mucho tiempo.

Cuando finalicé la universidad y me mudé al oeste de Texas, empecé a pasar más tiempo con algunos hombres mayores que habían vivido en esa área todas sus vidas. Ellos eran vaqueros, de verdad: me refiero a los verdaderos, los que usaban sombrero, arreaban las vacas, cargaban pistolas en la cintura y escopetas asomadas por la ventana de su camioneta. Estos hombres terminaron dándome algo de la mentoría de hombres que me faltó en la vida.

No malentienda; apenas me hablaban directamente. La mayoría de ellos pensaban que yo era un citadino yanqui con quien no valía la pena hablar.

No obstante, tenían una manera de hablar que me ayudaba. Usaban frases como: «Bueno, si Joe tuviera algo de hombre él hubiera hecho esto o aquello». O dirían: «Me parece que un hombre tendría que hablar con ese viejo niño que estaba causando tantos problemas». Y después lo que más me gustaba era cuando hablaban en código. Uno de los hombres se volvía hacia el otro y decía: «Un hombre sabría lo que tiene que hacer». Esto usualmente significaba que algo había sucedido y que había un «tío» que tendría que ser puesto contra la pared y enseñado cómo el mundo funciona. No íbamos a mencionar tales cosas frente a las damas. Sin embargo, todos los hombres entendían lo que significaba: «Un hombre sabría lo que tiene que hacer».

El punto que hago es que esos tejanos canosos me enseñaron, ya sea que hubiera sido o no su intención hacerlo. Así es como funciona la cultura del hombre. También aprendí del maestro que me pescó mintiendo y me dijo: «Cuando seas lo suficientemente hombre, regresa y dime la verdad». Luego estuvo el entrenador cortés y respetuoso con las mujeres, pero siempre era cuidadoso de no dejar una mala impresión. Yo lo observé. Lo medité y aprendí.

Además, también aprendí de mi amigo que jugaba de defensor que vio a un hombre gritándole a su esposa en el centro comercial. Mi amigo, que mide seis pies y cuatro pulgadas de alto y pesa doscientas cuarenta libras de músculos como piedra, se acercó al hombre y solo le puso el dedo en el pecho. Eso fue todo. No dijo ni una palabra. Solo se paró allí e irradió: «Eso estuvo mal. Termina ahora o de lo contrario».

Aprendí la hombría. Lección #42.

Además aprendí de las oraciones de mi pastor y de los modales sureños de mi padre y en la manera que un policía una vez trató con una mujer en una borrachera rabiosa, y de un amigo más viejo que me dijo: «Tú eres mejor que eso», mientras yo exhibía mis habilidades perfeccionadas para decir groserías.

Hasta aprendí de un hombre en mi iglesia que solo me dijo dos palabras. Había nevado mucho en el lugar donde vivía, y este hombre vino por mi casa un poco después de las seis de la mañana. Cuando abrí la puerta me dijo: «Ven conmigo». Eso fue todo. Nada más. Me puse el abrigo y me subí a su camioneta y nos fuimos por el pueblo para ver cómo estaban los más ancianos. Apaleamos nieve, ajustamos su calefacción, nos aseguramos de que tuvieran comida. Este hombre no era malo. Él tenía una misión. Eso es lo que hacen los hombres. Cuidan a la gente. *Cállate joven. A trabajar. Los ancianos están esperando y tienen miedo.*

Yo lo entendí. Además, también comprendí que la cultura del hombre no requiere mucho más que un hombre viva una vida noble y genuina delante de otros hombres. Esto me hace acordar de una historia que a menudo se cuenta en Texas. Los tejanos veneran a los Texas Ranger, los hombres de la ley, no al equipo de béisbol. Se cuenta que en los días de la frontera, había un pueblo donde ocurrió un motín, y el alcalde del pueblo pidió que vinieran los Texas Ranger. Un Ranger se presentó. El alcalde no lo podía creer: «¿Solo un Ranger? ¡En qué piensan ustedes! ¡Necesitamos ayuda!». El Ranger escarbó sus dientes con un palillo por un momento y dijo: «Sí, un Ranger. ¿Es solo un motín verdad?». Y acabó con el motín. Hasta el día de hoy los tejanos andan por ahí recordándose entre ellos: «Un motín. Un Ranger».

Lo mismo es verdad con los hombres en general. Lo único que se necesita para que haya una cultura atrayente de hombres es que un hombre de verdad viva la hombría. Esto crea un modelo, algo para que otros hombres se alimenten y asimilen ese patrón para ellos mismos. Además, les da a otros hombres genuinos una conexión vital que sostiene y extiende a quienes son.

Entonces, esta es la máxima # 3 de Mansfield sobre la hombría: *Los verdaderos hombres forman otros verdaderos hombres.*

«LA MUJER SIMPLEMENTE ES, PERO EL HOMBRE DEBE HACERSE. LA MASCULINIDAD ES RIESGOSA Y ELUSIVA... Y SOLAMENTE PUEDE SER CONFIRMADA POR OTROS HOMBRES».

—*Camille Paglia, tomado de* Sex, Art and American Culture: New Essays *(1992)*

UN VERDADERO HOMBRE

Hay dos clases de hombres, y él
era del tipo que yo quería ser.
Algunos predican sus virtudes, y pocos
expresan sus vidas con lo que hacen.
Él era así. Sin frases floreadas
ni con palabras ilustres de alabanza
ganó amigos. No era mezquino
ni superficial, pero su rastro era profundo,
y era puro. Usted conoce su tipo.
En la vida no se encuentra a muchos
cuyas obras sobrepasan sus palabras por lejos
son más de lo que parecen ser.

Así también hay dos clases de mentiras:
las que uno vive, las que uno dice.
En todos los años desde su niñez hasta su juventud
jamás actuó con falsedad.
Expuesto a la luz de todos él peleó
y no le importó lo que otros pensaban
ni lo que decían acerca de su pelea
si él creía estar en lo correcto.
Las únicas obras que él hizo
fueron obras de bondad.

Los discursos que habló fueron francos y directos.
Él era un frente sin atractivo.
Pero los niños lo amaban; el infante y el niño
jugaban con las fuerzas que podía emplear,
sin ningún temor, y ellos son rápidos

en percibir la injusticia y el engaño.
No hay chisme encubierto ligado a su nombre
y ninguna historia oscura de vergüenza.
Él no tuvo que transigir
con los hacedores de maldad, sabio y sagaz,
y dejarlos confabular sus obras de maldad
a causa de artimañas pasadas.

Hay dos tipos de hombres, y él
era del tipo que yo quiero ser.
Ninguna puerta a la que él llamó
fue cerrada en contra de manera de ser hombre.
Si alguna vez un hombre sobre la tierra fue libre
e independiente, fue él.
No perdió el respeto por una promesa fallida,
él se paró frente a todos los hombres con la cabeza
erguida,
y cuando partió, yo creo que
su alma fue al firmamento más allá
tan blanca, tan espléndida y pura
casi asemejándose al diseño de Dios.

—EDGAR A. GUEST

LA MÁXIMA # 4 DE MANSFIELD SOBRE LA HOMBRÍA

Como lo he dicho hasta aquí: «Los verdaderos hombres hacen cosas de hombres». He dicho: «Los verdaderos hombres cuidan sus campos». Y también he dicho: «Los verdaderos hombres forman verdaderos hombres».

Todo esto es cierto y esencial para tener una hombría genuina. Ahora bien, esto no es posible sin nuestra máxima final, que es la siguiente: *«Los verdaderos hombres viven para la gloria de Dios».*

Yo creo que el propósito del hombre en este mundo es tan único, con un fin tal de servicio y sacrificio, que no se puede cumplir exitosamente ese rol sin hacerlo para la gloria de Dios. Hay muchas razones para ello.

Primero, el hombre no puede cumplir con su propósito si vive para el aplauso, la aprobación y la afirmación del mundo; porque sencillamente no la recibirá. Por cierto, no lo suficiente para satisfacer la necesidad de su alma.

Si un hombre vive para la gloria de Dios, deja de buscar la afirmación de otros seres humanos después de hacer buenas acciones; una palmada en la cabeza cada vez que cumple con su deber. En cambio, se arroja plena y desinteresadamente para cumplir con su papel. Se contenta con saber que está cumpliendo su propósito en este mundo y que está agradando al Dios que lo creó. Su recompensa viene cuando puede decir como dijo el olimpista y misionero escocés Eric Liddell en *Carros de fuego*: «Cuando corro siento su placer».

Segundo, el hombre no está hecho para cargar con tal responsabilidad, porque si no tiene los recursos interiores que vienen por tener una vida conectada con Dios, acabará descendiendo al agotamiento y el resentimiento. Lo mismo puede ocurrir con las mujeres, pero ese es un tema para otro libro por otro autor. El asunto con los hombres es que por más que lo intenten, no pueden hacer lo que fueron llamados a hacer sin una fortaleza y energía más allá de la propia. Esta viene cuando son hombres para la gloria de Dios.

Tercero, los hombres fueron diseñados para cuidar las vidas de otros de tal manera que necesitan tener una perspicacia más allá de la propia. A menudo, he sospechado que mi esposa, una mujer de gran sabiduría, tiene un don residente. En otras palabras, la perspicacia y el entendimiento que posee parecen estar activos en ella siempre. Es sabia y está consciente de lo que debe hacer siempre. Y usualmente está en lo cierto. Yo no estoy tan dotado. Tengo que pedirle constantemente a Dios que me dé entendimiento y perspicacia que no están activos en mí cada día. En mi vida, esto resulta cuando vivo para la gloria de Dios.

Finalmente, lo que digo para los verdaderos hombres es verdad para cada aspecto de la vida. Los seres humanos son creados por Dios y fueron hechos para vivir en una relación con Dios. Es la única manera que llegaremos a ser enteros o realizados o empoderados o eficaces. Además, es la única manera que llegaremos a ser la creación única que somos llamados a ser. Yo soy esposo, padre, maestro, escritor y empresario. Cada una de estas funciones tiene su fuente y energía que proviene de Dios. Él es todas estas cosas y millones de otras. Stephen Mansfield no puede ser quien ha sido creado para ser por cuenta propia. Todo para lo cual fue diseñado se alimenta de Dios en el sentido más directo y personal. Esto no solo es verdad acerca de mí o de los hombres, es verdad acerca de toda la creación.

Inevitablemente alguien va a preguntarme si digo que un hombre que no cree en Dios no puede ser un buen hombre. No, no es lo que estoy diciendo, aunque el problema es definir la palabra *bueno*.

Yo me esfuerzo por ser un buen hombre en la manera que un *buen hombre* se describe en las Escrituras y en el ejemplo de Jesucristo, quien yo creo es el hombre perfecto, el modelo para todos los hombres.

No obstante, tengo amigos que creen que son buenos hombres y esposos porque tienen grandes músculos y proveen generosamente a sus esposas con vestidos y vacaciones costosas. Tengo amigos que creen que son buenos porque «permiten» a sus esposas trabajar afuera de la casa. Tengo amigos que creen que son buenos porque no golpean a sus esposas de la manera que lo hicieron sus padres. Tengo amigos que creen que son buenos porque sienten un profundo afecto por sus esposas y todos los días pasan tiempo de calidad con ellas. Conozco a un hombre que piensa que es bueno porque permite que su esposa tenga otros amantes.

Cada uno de estos hombres se considera bueno por alguna definición. Cada uno tiene un sistema de creencias que define lo que significa ser un hombre. ¿Puede ver el problema? ¿Bajo qué definición de bueno u hombría deberíamos vivir? Yo creo que debería ser de acuerdo a la definición de Dios como se encuentra en las Escrituras y las enseñanzas de Jesús. No soy lo suficientemente inteligente para elaborar una definición propia. Algunos de mis amigos han elaborado sus propias definiciones, como ha podido ver, pero lo que han elaborado suena a locura.

Lo mantengo simple. Yo no puedo vivir de acuerdo a los estándares de Dios sin los recursos de Dios. Yo me convierto en el hombre que Dios me creó viviendo para la gloria de Dios.

Esto nos da la máxima #4 de Mansfield sobre la hombría: *Los verdaderos hombres viven para la gloria de Dios.*

«HABIENDO ELEGIDO NUESTRO RUMBO, SIN ENGAÑOS Y CON PROPÓSITO PURO, RENOVEMOS NUESTRA CONFIANZA EN DIOS Y AVANCEMOS SIN TEMOR Y CON HOMBRÍA EN NUESTROS CORAZONES».

—Abraham Lincoln, Discurso al Congreso, 4 de julio, 1861

LAS CUATRO MÁXIMAS SOBRE LA HOMBRÍA

Por tanto, estas son las máximas de Mansfield sobre la hombría:

> **1. LOS VERDADEROS HOMBRES HACEN COSAS DE HOMBRES.**
> **2. LOS VERDADEROS HOMBRES CUIDAN SUS CAMPOS.**
> **3. LOS VERDADEROS HOMBRES FORMAN VERDADEROS HOMBRES.**
> **4. LOS VERDADEROS HOMBRES VIVEN PARA LA GLORIA DE DIOS.**

Estas son mucho más que tan solo mis máximas personales. Son los pilares de la casa de la hombría genuina que urgentemente debe ser reconstruida en nuestro tiempo. Léalas. Piense en ellas. Ore acerca de ellas. Asimílelas de las grandes vidas que estamos por ver. Pero, recuerde que estas máximas solo se harán realidad en usted si las practica en su propia vida.

En *Ética nicomáquea* Aristóteles dijo: «Los hombres adquieren una cualidad particular accionando constantemente de una manera [...] uno se hace justo realizando acciones justas, atemperado por realizar acciones atemperadas, valiente por realizar acciones valientes».

¡Esta también es la manera en que nos convertimos en verdaderos hombres!

EL HOMBRE VERDADERO

El mundo tiene lugar para el hombre de verdad, con el
ánimo de la hombría;
El mundo se deleita en el hombre que sonríe cuando
sus ojos retienen la lágrima;
Le encanta el hombre que, cuando las cosas están
mal, puede tomar su lugar y permanecer firme
Con su rostro hacia la pelea y sus ojos hacia la luz,
trabajando con una mano dispuesta;
El hombre de verdad es la necesidad del país, es la
necesidad del momento, por cierto,
Con un corazón que marche al latido de las tropas de
la verdad;
El mundo es suyo y espera por él, y salta al escuchar
la campana
del golpe que da y las ruedas que hace girar y los
martillos que se atreve a pivotar;
Le encanta la mirada de la marcha que hay en su
rostro, la postura de su noble cabeza,
¡Y el impulso hacia adelante de su implacable voluntad
y la recorrida que hace su intrépida pisada!
Hurra para el hombre de verdad que llega con la luz
del sol sobre su rostro,
¡Y la fortaleza para hacer, la voluntad para desafiar y
el coraje para hallar su lugar!
El mundo se deleita en el hombre de verdad, y el débil
y malo huyen
¡Cuando el hombre de verdad marcha para sostener a
los suyos sobre la tierra o el mar!

—AUTOR DESCONOCIDO

PARTE DOS

Muéstreme al hombre que usted honra y conoceré el tipo de hombre que usted es, porque me demuestra cuál es su ideal de la hombría y qué tipo de hombre usted anhela ser.

—Thomas Carlyle, cita tomada de Latter-day Pamphlets, n.° 07, Hudson's Statue, *julio de 1850*

Si usted conoce la historia, sabe que no existe hombre o mujer que se haya formado a sí mismo. Somos formados por personas que nunca hemos conocido.

—David McCullough, cita tomada de «The Course of Human Events», Jefferson Lecture, National Endowment for the Humanities, 2003

Si un hombre no tiene un ideal y trata de vivir en base a él, se transforma en una criatura miserable, innoble y sórdida, sin importar cuán exitoso sea.

—Theodore Roosevelt, en una carta a su hijo Kermit el 27 de enero de 1915, como se publicó en Theodore Roosevelt and his time: Shown in his own letters, vol. 1, *por Joseph B. Bishop (1920)*

PÓRTATE COMO HOMBRE

CUANDO DAVID, EL REY DE ISRAEL, SE PREPARABA PARA PARTIR de esta vida, alrededor del año 970 A. C., llamó a su hijo Salomón y le dijo sus últimas palabras. Así fue como empezó: «Según el destino que a todos nos espera, pronto partiré de este mundo. ¡Cobra ánimo y pórtate como hombre!» (1 Reyes 2.2, NVI).

El rey no le dijo a su hijo que fuera del sexo masculino. Eso hubiera sido innecesario. En cambio, le encargó a su hijo que fuera todo lo que significa ser un hombre de Dios, como estamos diciendo en este libro con una guiñada de ojo, un verdadero hombre. El significado de la frase *pórtate como hombre* en hebreo es algo así: «Conviértete en lo que significa ser un hombre excepcional».

La palabra original *pórtate* nos ayuda en el sentido que pone énfasis en la idea de que hay algo que hacer para demostrar o vivir las características de la hombría. El enfoque de las palabras de David, como el enfoque de este libro, se trata de hacer, asegurarnos de «demostrar» el comportamiento de un hombre genuino.

Al leer en las próximas páginas las breves historias de los grandes hombres de Dios, jamás querremos olvidarnos del desafío del rey David. En última instancia, queremos llegar a la pregunta de cómo viviremos diferentemente por lo que hemos leído. De otro modo, podríamos ser tentados a disfrutar estas emocionantes historias como entretenimiento sin permitir que nos hagan mejores hombres.

Para ayudar a sellar el significado de estas historias en nuestras vidas, vamos a terminar cada una de ellas con estas palabras: *¿Qué hará usted? ¿Qué hará para portarse como un hombre?* Estas preguntas serán continuadas por más preguntas y una variedad de instrucciones que nos guiarán a vivir el significado de lo que leímos.

Permita que estas palabras se marquen a fuego dentro de su mente: *A la luz de lo que aprendí, ¿qué haré para portarme como hombre?*

UN HOMBRE

Un hombre no llorisquea por sus pérdidas.
Un hombre no se queja ni desespera,
ni protesta por el peso de sus cruces
pidiéndole a la vida una caricia.
Un hombre no trabaja rezongando
ni mira al trabajo como a una plaga;
un hombre no se burla de su prójimo
ni se escapa de una causa que es justa.

Un hombre no se enfada cuando otro
alcanza el éxito donde él ha fallado;
no retiene su alabanza por el hermano
que públicamente es aclamado;
ni pasa por el débil y el humilde
como si no proviniera del mismo barro;
un hombre no reniega incesantemente
cuando las cosas no salen como esperaba.

Un hombre mira a la mujer como tierna
y dócil, y está a su lado
en todo tiempo la cuida y la defiende
y nunca la desprecia ni se burla.
El hombre mira la vida como una misión.
Para servir, tanto como pueda;
un hombre tiene una noble ambición
vivir como un hombre sobre la tierra.

—EDGAR A. GUEST

EL HONOR

La mayoría de los hombres que describo en este libro son famosos, aunque las historias que contaré tal vez no lo sean. Ocasionalmente, tengo la intención de contar la historia de algún hombre relativamente desconocido. Lo hago por dos razones. Primero, porque quiero que aprendamos a asimilar las lecciones sobre la grandeza de la hombría dondequiera que las encontremos, tanto con los famosos como con los desconocidos. Segundo, quiero asegurarme de que entendamos que la hombría genuina es su propia recompensa y que poco tiene que ver con la fama o la atención de la historia.

Nuestro primer hombre en la categoría «relativamente desconocida» es algo inusual. No sabemos mucho acerca de él y lo encontramos en un solo documento histórico que data alrededor del siglo quinto a. c. Esta única referencia solo consta de cinco frases y se refiere a los años tempranos del hombre, tal vez de su adolescencia. Sabemos a qué tribu pertenecía, pero no conocemos a su padre. Conocemos la personalidad de su madre, pero no sabemos cuál fue su nombre. Entendemos que tuvo hermanos, pero lo único que sabemos de ellos es que no eran tan honorables como él. Y aquí es donde la historia empieza.

Este hombre es presentado de forma sencilla. Se nos dice que «fue más honorable que cualquiera de sus hermanos». Esta afirmación está intercalada como una pausa en medio de una larga y extenuante lista de nombres, y esa era la manera como se anunciaban las lecciones en las genealogías del mundo antiguo. Para llamar la atención se introducía el tema de repente, la primera frase se leía como si el tema ya hubiera sido abordado por horas, y el título de la lección se hubiera mencionado desde el principio. En este caso, se trataba el tema de que este hombre era honorable: «más honorable que cualquiera de sus hermanos».

Se anuncia el tema de la lección, y después se presenta la lección acerca del honor.

La siguiente afirmación es una explicación sobre cómo nuestro hombre obtuvo su nombre. Aparentemente, la madre nombró a su hijo a causa de la mala experiencia que tuvo cuando él nació.

Nuevamente, en el estilo de las narraciones antiguas, esto es una señal. Aquí hay mucho más que tan solo una explicación sobre el nombre del hombre. Esto se dice para darnos un mayor entendimiento sobre su vida. El escritor asume que no tiene que decir mucho porque vamos a pensar mucho acerca de lo poco que nos dice. Y lo que hace el escritor es apuntar directamente a la madre de nuestro hombre.

En esta historia la mamá es clave. Aparentemente ella es la clase de mujer que construye monumentos a las desilusiones de su vida en las almas de sus hijos. Se nos dice que ella nombró a su hijo con la palabra en su lenguaje que significaba «el que causa dolor» y lo hizo porque tuvo que soportar el dolor cuando él nació. Piense por un momento. No le dio a su hijo un nombre noble o inspirador; en cambio, usó una palabra que lo haría recordarse toda su vida de cuánto dolor había sufrido cuando él nació. Cada vez que lo llamaban para cenar o que sus amigos lo llamaban, su nombre le hacía recordar que cuando nació le causó dolor a su madre.

Una mujer que está dispuesta a marcar a su hijo con sus sufrimientos es una mujer que hará alusión a sus sufrimientos cuando estos le sean útiles. Por lo que no sería difícil imaginarse a esta mujer diciendo: «¿Ah, así que no has limpiado tu cuarto, eh? ¿No te acuerdas del dolor que me has causado cuando naciste? ¿No te importa que yo sufro?».

La primera frase de esta breve historia nos dice que nuestro hombre tenía hermanos. ¡Quién sabe cómo se llamaban! Yo tengo unos amigos *cherokee* cuyos nombres significan «conejo correr en nieve» o «ciervo comer manzana», porque esas cosas sucedieron el día de su nacimiento. Tal vez los hermanos de nuestro hombre se llamaban «Orinal Muy Frío» o «Cuenta Doctor Muy Grande». Tal vez encajarían. Lo que sea que esta mujer haya sufrido, lo grabó en la vida de sus hijos por la manera que los nombró.

Piense acerca de un hogar lleno con este espíritu amargo y resentido. A todos alguna vez nos ha tocado estar a la mesa con personas que ni llegaban a pedir el salero sin desbordar toda la amargura que permeaba sus vidas. Así era el hogar de nuestro hombre. Las personas ensayaban sus desilusiones y repetían sus temores. Contaban historias para convencerse a sí mismas de sus maldiciones y se burlaban a la idea de que el futuro podría ser diferente a su horrible pasado.

Estaban viviendo dentro un pañuelo. Cualquiera fuera su espacio físico o espiritual era casi microscópico. No había visión, ningún sentido de las posibilidades en la vida. Nadie contaba historias inspiradoras ni mencionaba las cosas milagrosas que sucedían en el mundo, ni dedicaban una sola palabra para avivar los propósitos heroicos en el alma del otro. No. La vida iba a ser así, sería dura y esto nunca debía olvidarse. Siempre iba a ser así.

Pero nuestro hombre, cuyo nombre era Yabetz, se estaba ahogando. Habiendo vivido muchos años en un hogar con gente de mente pequeña y resentida, él se sentía como un hombre siendo aplastado hasta la muerte.

Pero la historia no termina allí. Todos sabemos lo que pasa con las personas que piensan acerca de los males que le han sobrevenido, se preocupan por otros males que vienen sobre ellos y están convencidos que aún les sobrevendrán más males. Sí, es así: les sobreviene el mal. Se convierten en imanes para el dolor. El daño y la pérdida les siguen todos los días de sus vidas. La realidad de ellos es la confirmación de todos sus temores. Así fue como vivió la familia de Yabetz, dominada por la amargura de su madre desilusionada.

Pero no todos. La razón que vale la pena contar esta historia es por algo que hizo Yabetz. Un día, sintió que soportó todo lo que podía aguantar. No iba a vivir más de esta manera.

Él se presentó delante de su Dios e hizo esta oración: «*¡Oh, si me dieras bendición, y ensancharas mi territorio, y si tu mano estuviera conmigo, y me libraras de mal, para que no me dañe*!». Y las últimas palabras de esta historia de cinco oraciones en el medio de este antiguo documento nos dice que Dios le concedió su petición.

Ahora miremos cuidadosamente esa oración. Todas las palabras son importantes. Por algún motivo este hombre Yabetz se ha dado cuenta de que hay un proceso destructivo obrando en su vida. Él decide avanzar y resistir. Se da cuenta de que hay una maldición forzando la entrada en su vida, y él sabe que ella tiene el poder para destruirlo.

Así que Yabetz clama: «*¡Oh, si me dieras bendición! ...*».

Entonces nuestro hombre se da cuenta de que esa maldición lo ha robado a él y a su pueblo. No solo son pequeños de espíritu y cortos de visión, sino una gran parte del bien que debería pertenecerles les ha sido quitado, o lo perdieron a causa de su propia insensatez. Así que viven en la pequeñez de su alma que los mantiene pequeños en todas las formas.

Así que Yabetz clama: «*Y ensancharas mi territorio*».

También se dio cuenta de que hará falta una intervención de Dios para librarlo de las garras de aquello que lo está aplastando.

Así que Yabetz clama: «*Y si tu mano estuviera conmigo*».

En el tiempo de Yabetz este lenguaje simbólico es muy importante. Siempre que su Dios hacía algo magnífico, los profetas y los sabios decían «la mano de Dios» hizo esto o aquello. Yabetz incluye este simbolismo en su oración.

Finalmente, localiza su objetivo y envía sus palabras en oración al corazón del asunto: «*Y me libraras de mal, para que no me dañe*».

Ahí está. Ahora, recuerde que el nombre de Yabetz significa el que causa dolor (o daño). Es la maldición que la madre puso sobre él cuando nació, y esa palabra había definido a Yabetz todos los días de su vida. Él lo entendía muy bien y quería que el poder de esa palabra fuera desecha en su vida: «Para que no me dañe». *Líbrame de la maldición de mi nombre. Líbrame de la maldición de los caminos de mi pueblo. Líbrame de la pequeñez y la pérdida y de vivir como un animal herido solo viendo lo feo y lo oscuro. Oh, Dios, líbrame de este espíritu de ahogo y conviérteme en el hombre para que me has creado.*

Y se nos dice que Dios lo hizo.

Pero eso es todo lo que sabemos. Nada más. No hay más acerca de él. Las siguientes palabras en el antiguo documento no tienen nada que ver con esta historia sorprendente. De hecho, la larga lista de nombres continúa: «Quelub hermano de Súa engendró a Mehir, el cual fue padre de Estón. Y Estón engendró a Bet-rafa... » Y así continúa, página tras página. Antes de que nuestro hombre Yabetz fuera mencionado ya existían capítulos enteros de este estilo.

Es muy extraño, pero hay algo acerca de esta historia que nos estimula, ¿verdad? Hay algo que nos atrae acerca de esta historia de un hombre buscando ser libre de las limitaciones y las disfunciones que definieron su vida. Nos sentimos conectados con él. Su historia nos llama.

Hay un hecho más que nos ayudaría a dar cuerpo a la vida de este hombre y permitirnos entender la atracción magnética que tiene sobre nuestros corazones. Como verá, la gran pregunta es: «¿Cómo fue que Yabetz empezó a imaginar que había algo más?». ¿Qué le hizo creer que podía ser libre, que había vida afuera de lo que él siempre conoció? La mayoría de las personas criadas en amargura y nutridas por la desilusión nunca cambian. Los heridos parecen vivir en aislamiento perpetuo. Los ofendidos parecen estar siempre esperando que alguien arregle las cosas. Rara vez las almas manchadas escapan del patrón de los años. No pueden ver más allá de su experiencia, no pueden imaginar una vida lejos de la maldición.

Yabetz lo logró. ¿Pero, por qué? ¿Cómo?

Le diré lo que pienso, pero creo que este es un buen momento para recordarle que el tema de esta historia no se asemeja a nada de lo que estamos hablando ahora. No se trata de la bendición, el dolor, madres contenciosas o el trauma del nacimiento. Es el honor. ¿Recuerda? «Yabetz fue más *honorable* que cualquiera de sus hermanos».

Tenga esto en cuenta y permítame decirle lo que pienso que sucedió a nuestro joven amigo de hace varios siglos. El único otro hecho que conocemos acerca de Yabetz es que él era parte de una tribu llamada Yehudah, y Yehudah era el hijo del fundador de la tribu de Yabetz.

Cuando este fundador estaba muriendo dio una bendición, es decir, palabras con poder espiritual y visión, a su hijo Yehudah tal como lo hizo con cada uno de sus hijos. Pero la bendición que dio a Yehudah era especialmente inspiradora. El fundador de la tribu dijo que Yehudah sería como un león y que llevaría el cetro real y la vara de gobierno en sus manos. Las naciones se inclinarían delante de él, sería victorioso sobre sus enemigos, tendría favor entre sus hermanos y sería próspero. Hasta hay una mención de que sería buenmozo.

Esta fue la bendición fundadora para la tribu de Yabetz. Estas palabras eran sagradas para todas las tribus, pero particularmente para los descendientes de Yehudah. Los sacerdotes, los hombres sabios y los bardos han relatado estas bendiciones en sus rituales santos, cuando se celebraba la herencia de la tribu y cuando la gente era tentada a olvidarse de quiénes eran.

Imagínese a Yabetz conmigo. Él está al final de su adolescencia. Es un poco inseguro. Tiene una mirada algo solitaria y asustada. Una tarde, los miembros de su tribu se reúnen alrededor de una fogata, y los narradores y sacerdotes empiezan a contar la tradición de la tribu. Yabetz se sienta entre dos ancianos y los escucha contar historias. Es inspirado. Se ríe. Escucha acerca de los héroes del pasado por la centésima vez, pero sus aventuras nunca parecen perder la emoción. Entonces uno de los ancianos o tal vez un sacerdote ve la necesitad de repetir la bendición fundadora de la tribu antes de finalizar la tarde.

Yabetz ya escuchó las palabras muchas veces en el pasado. Las conoce de memoria. Todos los miembros de la tribu las conocen. Esa noche, ellas vuelven a llenar el aire. *Como un león. El cetro y la vara. Las naciones se inclinarán. Los enemigos serán derrotados.*

No hay nada de nuevo, pero puedo imaginarme que esa noche las palabras estallaron en el corazón de Yabetz. Él vive en un hogar opresivo lleno de dolor, amargura y remordimiento. El dolor y el temor lo ahogan. Siente que está muriendo, que un espíritu de pequeñez y dolor lo ha tomado por el cuello.

Entonces oye las palabras, aquellas que se hablaron en esa bendición en siglos anteriores, y de repente Yabetz puede ver. Las palabras se revelan en su interior como nunca. Él no tenía por qué dejarse definir conforme a los pensamientos tóxicos de su familia. Hay una herencia mayor que puede dar forma a su vida.

No tiene por qué vivir amedrentado y resentido. Él fue llamado a ser confiado como un león. No tiene por qué vivir herido y lastimado. Él fue llamado a gobernar, para asechar a su presa y a conquistar sus enemigos. No tiene por qué vivir maldecido y odiado. Él está entre un pueblo destinado al favor.

Yabetz ve que la herencia que tiene por la virtud de la fe y por pertenecer a un pueblo, una herencia biológica y cultura familiar que fue enraizada en él. Él hace una elección; y clama al único que puede hacer que esas palabras de bendición se hagan realidad. «*¡Oh, si me dieras bendición!* ...».

Y Yabetz fue liberado porque un Dios amante, que puso su bendición en la boca del fundador de la tribu, oye y responde.

Entonces, caballeros, llegamos al corazón del asunto: la razón por qué empezamos con esta historia muy antigua. ¿Recuerda la palabra *honor*? Se nos dice que Yabetz fue más honorable que sus hermanos. ¿Por qué? Por cierto, lo que sucedió con Yabetz fue emocionante, pero ¿por qué es más honorable que sus hermanos? ¿Por qué se menciona su nombre en el medio de esta larga genealogía y a sus hermanos ni siquiera se les nombra?

Yo creo que es porque el honor es el temperamento del corazón, una cualidad del espíritu, un molde del alma que rehúsa la opresión, las insignificancias, y lo inmundo para alcanzar en su lugar lo que Dios tiene planeado: nobleza, abundancia y fortaleza. Yabetz fue más allá de su acondicionamiento amargo y se aferró a su destino más alto y grandioso. A esto Dios llama honor.

Note que los hermanos de Yabetz escucharon las mismas palabras que él escuchó. Ellos tuvieron la misma oportunidad, la misma herencia, el mismo destino de fe. Pero no lo captaron para sí mismos. No hicieron eco del clamor que Yabetz hizo delante de Dios. Por tanto, se nos dice que ellos fueron menos honorables.

Hombres, es aquí donde empezamos. Así como Yabetz, nosotros también tenemos heridas y remordimientos, maldiciones y la pequeñez. Nosotros también tenemos voces en nuestras vidas que refuerzan el temor y la desesperación. Además, también podríamos tener un creciente sentido de que somos menos de lo que fuimos creados para ser. Nuestras heridas y fracasos nos hacen acobardar en las sombras mientras que nuestras esposas, hijos e hijas, y aquellos que debemos proteger y liderar sufren por nuestro rechazo a ser honorables, como Yabetz.

Bendíceme. Ensánchame. Líbrame de la maldición de lo que he sido. Pon tu mano sobre mí.

La lección central nos llega rápida y ferozmente. Los hombres honorables rehúsan revolcarse en lo pequeño y lo amargo. Los hombres honorables rehúsan odiar la vida porque alguna vez las cosas salieron mal. Los hombres honorables no construyen monumentos a sus desilusiones, ni permiten que otros los etiqueten y maldigan hasta su destrucción.

Los hombres honorables buscan la más alta definición de su vida, el significado más noble otorgado por herencia, por los sueños de sus ancestros y las esperanzas de sus padres. Los hombres honorables claman a Dios hasta que las maldiciones sean rotas y el propósito más grande sea alcanzado. Los hombres honorables no se conforman con vivir una vida de remordimiento.

Me imagino que ya se habrá dado cuenta de quién estaba hablando aquí. Yabetz es el nombre hebreo para *Jabes*. Es probable que usted ya haya escuchado acerca de este nombre. Proviene de la historia que conté tal como aparece en 1 Crónicas 4:9-11, un pasaje del Antiguo Testamento. Yehudah es la pronunciación hebrea de *Judá*. Y el padre de Judá fue Jacob, también conocido como Israel, el hombre de quien toma el nombre la nación en nuestro tiempo.

He cambiado un poco los nombres para darle una oportunidad de escuchar la historia como si fuera por primera vez. Es mucho más que tan solo una historia de la Biblia que tal vez escuchó por primera vez en la escuela dominical hace muchos años. Es una historia de lo que Dios hará en la vida de los hombres que buscan el honor. No quería que usted se perdiera el potencial de la historia tan solo porque ya la había escuchado anteriormente.

¿QUÉ HARÁ USTED? ¿QUÉ HARÁ PARA PORTARSE COMO UN HOMBRE?

1. ¿Qué significa su nombre? Hay alguna clave de la esperanza de sus padres o aun las de Dios en el significado de su nombre en su lenguaje original?
2. ¿Qué palabras se dijeron acerca de su vida cuando nació? Transforme estas palabras de bendición y visión en oraciones y objetivos. Cambie las maldiciones y las etiquetas negativas en oraciones al estilo de Yabetz.
3. ¿A qué tribu pertenece? ¿Hay algún lenguaje definitorio o historia que acompañe a la pertenencia a esa tribu? Tómelo para sí mismo. Hágalo parte de su oración. Viva con sus ideales. Si algunas de las palabras que se hablan en su tribu son negativas, haga lo que hizo Yabetz: pídale a Dios que rompa la maldición y lo ensanche.
4. Dé una mirada honesta y con amor a su cultura familiar. Tome lo bueno y extiéndalo. Identifique lo duro, lo amargo y lo destructivo y trabaje en su contra. Hágalo en oración, con disciplina y viva exactamente en el espíritu opuesto.
5. Considere mantener un «Libro de Honor» o algunas «Páginas de Honor» en su jornal si usted ya usa uno. Registre las palabras que con nobleza definen su vida: palabras de sus ancestros, líderes tribales, padres, maestros, entrenadores, amigos, etc. Registre las palabras de las Escrituras, poemas, libros, aun películas y canciones que han hecho raíz en usted cuando las escuchó haciéndose parte de quien es y quiere ser. Repítalas, hágalas suyas, úselas en oración y pídale a Dios que

rompa lo opuesto de estas palabras nobles en su vida y celebre en la página su viaje hacia el honor. No se sienta tonto ni poco masculino acerca de esto. George Washington, George Patton, Ronald Reagan y algunos de los hombres más ilustres que vivieron también han hecho esto.

NADA GRANDE JAMÁS SE LOGRARÁ SIN GRANDES HOMBRES, Y LOS HOMBRES SOLO SON GRANDES SI ESTÁN DECIDIDOS A SERLO. LA GLORIA SE DA SOLO A QUIENES SIEMPRE LA HAN SOÑADO.

—*Charles De Gaulle, cita tomada de* The Army of the Future (Vers l'armée de métier), *1941*

EL LEGADO

Fue a fines de 1964 cuando llegó una carta a una casa londinense. La niña de nueve años que envió la carta desde Colombia, Sudamérica, lo hizo sin colocar una estampilla o un domicilio completo. No obstante, el servicio postal de Colombia supo exactamente qué hacer. Los empleados postales pusieron la estampilla faltante y enviaron la carta. Pocos días después llegó a Inglaterra donde los empleados allí la enviaron a 28 Hyde Park Gate en Londres. Una secretaria abrió el sobre, leyó la nota que estaba adentro y se la entregó a un caballero de noventa años que estaba sentado cerca. Él sonrió, agradecido y entretenido. Su nombre era Winston Churchill. La carta fue dirigida: «Al hombre más grandioso del mundo».

En verdad Winston Churchill fue el hombre más grandioso de su época; su vida fue sorprendentemente rica y productiva. Y sus talentos se midieron por el agradecimiento de millones, aunque su impacto en este mundo aún no se puede medir plenamente. Esto debe dejarse a las generaciones que aún no han nacido.

Él vino al mundo en 1874. Todavía había hombres vivos que habían peleado contra Napoleón. Abraham Lincoln había sido presidente hacía tan solo nueve años atrás. Se crio siendo uno de los dos hijos de la

belleza americana Jennie Jerome y Lord Randolf Churchill, un emergente estadista y notable campeón de la democracia conservadora.

Sus padres eran típicos de su tiempo y dejaban al joven Winston al cuidado de una niñera llamada Elizabeth Everest. Esto fue algo afortunado. Ella le dio el amor que sus padres eran incapaces de darle y, con delicadeza, le fue enseñando los caminos de Dios. Además, inspiró en él un sentido de destino que nunca lo abandonó.

Él cursó sus estudios en Sandhurst, la academia militar británica, y al poco tiempo se encontró en el fuego cruzado de la batalla en Sudán, Cuba, India y finalmente en la Guerra Bóer de Sudáfrica, donde fue capturado y detenido como prisionero de guerra. Su escape lo hizo famoso mundialmente, y utilizó esto cuando se postuló para entrar al parlamento. Su fortuna en la política británica tuvo su auge y caída, pero a sus amigos les era obvio que él estaba siendo formado para un papel más allá del discurso político.

Él se desempeñó como el primer lord del almirantazgo durante la Primera Guerra Mundial, pero renunció cuando su invasión planificada de Turquía a través de los Dardanelos se comprobó desastrosa y resultó en la muerte de más de cien mil hombres. Él guio a soldados en Bélgica, regresó a la política después de la guerra, y se convirtió en un paria de la sociedad británica debido a sus advertencias apasionadas sobre el auge Nazi de Alemania. Inglaterra estaba cansada de las guerras, habiendo perdido una generación de jóvenes en las trincheras de la Primera Guerra Mundial. Churchill parecía un belicista estridente, y se convirtió en uno de los hombres británicos más odiados.

A fines de 1930, muchas de sus predicciones se comprobaron ciertas. A medida que los Nazis marchaban por Europa, Churchill regresó como el primer lord del almirantazgo y, cuando no hubo manera de apaciguar a Hitler para que se detuviera, fue llamado por el rey para servir como primer ministro. Fue un terrible período en la historia, y muchos comentaristas predecían el fin de las democracias occidentales. Churchill vio la amenaza, pero creía en su nación, en su Dios, en su propósito y destino. Finalmente, una coalición inspirada en parte por el fuego moral de Churchill prevaleció en 1945.

Para ese entonces se avecinaba la amenaza comunista, y Churchill una vez más formuló advertencias acerca de esta amenaza que surgía globalmente. Su nación cansada, una vez más incapaz de soportar sus advertencias apasionadas, votó para expulsarlo de su cargo político no mucho tiempo después que la guerra finalizó, pero años más tarde regresó a su cargo político justo cuando empezaba a sucumbir ante la presión de la edad. Vivió la última década de su vida como uno de los hombres más honrados de la historia.

Él ayudó a dirigir a Inglaterra en medio de dos guerras mundiales, una depresión global y la amenaza de la subversión comunista. Sus talentos de oratoria definieron las grandes batallas de su tiempo y pusieron en alto al pueblo británico. Además, modeló un estilo de liderazgo que será imitado por generaciones. Por cierto, al final de su vida, fue el hombre más grandioso del mundo.

Esto solo es un breve bosquejo de la vida de Churchill. Espero que usted profundice más en las cosas que él puede enseñarle al leer sus libros como también los brillantes volúmenes escritos sobre él por otros. He pasado muchas horas a los pies de ese gran hombre por medio del beneficio de la literatura, y han comprobado ser las horas de mayor transformación que haya conocido.

No puedo evitar conmoverme por lo mucho que Churchill sufrió. Conocer su historia es entender que la inspiración que él brindaba al mundo en los tiempos de crisis fue formada primero en las noches oscuras de su propia alma. Él batalló contra la depresión todos los días de su vida. Uno de sus hijos se suicidó, otro murió en su infancia, y dos permitieron que el alcohol arruinara sus vidas. Churchill, estando en su cargo público, tomó algunas decisiones desastrosas, y muchos en la sociedad inglesa nunca lo perdonaron. Esto solo abarca una pequeña parte de las dificultades que tuvo que soportar.

Aunque el espectro más oscuro sobre su vida fue el desprecio absoluto que su padre tenía de él. Esto es algo difícil de atestiguar y aún más difícil de explicar, pero fue una de las fuerzas que más moldeó la vida de Churchill. Tanto el hombre imperfecto como el estadista heroico en que se convirtió fue en gran medida forjado por la fuerza aplastante del odio de su padre. Podemos compadecernos por la experiencia agonizante de Churchill, pero también debemos estar agradecidos que en su batalla por superar algo que podría haber sido una maldición deformante nos deja una lección valiosa sobre la verdadera hombría.

Algo que nos podría ayudar a superar la tentación de la manera que nos sentimos hacia el padre de Winston es saber que él había contraído una enfermedad que progresivamente fue afectando su mente. Durante casi toda la vida de Churchill, su padre fue lentamente descendiendo hacia la locura. Saber esto pudo haberle ayudado un poco, pero nada puede armar a un niño contra el desprecio y el escarnio que le hace su propio padre.

Desde el tiempo que Winston nació, su padre lo consideró un retardado. Rara vez hablaba con su hijo, tenía pocas esperanzas para su futuro, y lo hería seguido con su creciente ira. Posteriormente, Randolph, el propio hijo de Winston, escribió que «la desatención y la falta de interés de sus padres por él era notable, aún cuando se juzga según los estándares victorianos y eduardianos de ese tiempo».[1] Randolph se refería principalmente a su abuelo, quien trató a Winston con un cruel desprecio.

Tan pronto como fue posible enviaron a Winston a una escuela como internado. Las cartas que en ese tiempo les escribe a sus padres desgarran el corazón. Él constantemente les rogaba su atención, les contaba lo miserable que se sentía, y les rogaba a sus padres que aunque fuera breve que lo visitaran. Esto no logró nada. Durante ese tiempo no era descomunal que Lord Randolph diera un discurso muy cerca de la escuela de Winston, y aún así ni siquiera cruzaba la calle para visitar a su hijo. Él se había determinado, según dijo misteriosamente este hombre turbado, mantener delante de Winston «un silencio duro y amargo».[2]

Lo que se hace particularmente difícil de soportar acerca de la actitud de Lord Randolph hacia Winston es lo encantador y sincero que era el muchacho. Churchill mismo después recuerda lo orgulloso que se había sentido un día que su papá lo visitó en su habitación y tomó nota de la vasta colección de soldados de juguete que Winston tenía, todos desplegados en formación de combate. Randolph hizo una «visita formal de inspección» y «pasó veinte minutos estudiando la escena, que era realmente impresionante, con un ojo perspicaz y sonrisa cautivante. Cuando terminó me preguntó si quería entrar al ejército. Yo pensé que sería estupendo estar al mando de un ejército, así que le respondí que "sí" de una vez: e inmediatamente me tomó la palabra». Esta memoria debía haber sido una feliz para Winston, pero la emoción se disipó cuando eventualmente se le dijo cuál era el motivo de su padre: «Por años pensé que mi padre con su experiencia e instinto había discernido en mí las cualidades de un genio militar. Pero posteriormente me dijeron que él había llegado a la conclusión de que no era lo suficientemente inteligente ni para ir al Colegio de Abogados».[3] Esas heridas y desilusiones siguieron a Churchill toda su vida.

Un episodio aún más lastimero sucedió cuando un reloj que el padre de Winston le había obsequiado cayó en su arroyo cerca de una piscina profunda en Sandhurst. Y aunque en ese momento Winston tenía veinte años, estaba aterrorizado de la ira de su padre. Instantáneamente, se quitó la ropa y se zambulló en el arroyo para buscar el reloj. Sin poder encontrarlo, arregló para dragar la piscina. El reloj seguía sin aparecer.

Winston decidió pagarle a veintitrés soldados para cavar un nuevo curso para el arroyo y luego pidió prestado un camión de bomberos de la escuela para vaciar completamente la piscina. Finalmente, encontró el reloj y lo envió a un taller relojero en Londres para repararlo.

De alguna forma su papá se enteró lo que había sucedido. Su carta llena de ira revela la furia de escarnios que a menudo Winston enfrentaba. Lord Randolph le recalcó a su hijo de que su conducta fue «vergonzosa», que era un «joven estúpido» que no «era de fiar», y que su hermano más joven, Jack, era «vastamente superior» a él. Fue una respuesta excesivamente dura para un error de poca importancia. Años después, Winston pudo darse cuenta del desequilibrio mental de su padre acerca de ese hecho sucedido. No obstante, en ese momento él no tenía ningún filtro y las palabras habían lacerado su alma. Aún cuando Churchill estaba al final de su vida había veces que pensaba que podía oír la voz de su padre. Siempre regañándolo por algún error. Para ese entonces, Lord Randolph ya había estado muerto por más de medio siglo.

¿Cómo pudo Churchill sobrevivirlo? ¿Cómo pudo superar el escarnio de su padre y aún así llevar una vida excepcional? Él podría haber fácilmente vivido como un hombre amargado, dañado. Quizás hubiera cumplido una de las muchas maldiciones de su padre: «serás un inútil social, uno de los cientos de fracasados de las escuelas públicas, y te degenerarás para tener una existencia miserable, infeliz e infructuosa», y que nunca serviría a la humanidad como lo hizo él.[4] ¿Cómo hizo para impedir que sus heridas determinasen el curso de su vida?

La verdad es que Churchill hizo una simple elección. Él podría haberse rendido a la amargura y el resentimiento, pero, en cambio, decidió verse a sí mismo como una extensión de lo bueno que había en la vida de su padre. Él escogió una continuidad placentera en lugar de un duro antagonismo.

Esto lo vemos más tarde en su relato sobre la muerte de su padre en 1895. Un hombre inferior tal vez se hubiera regocijado que el tirano se murió. Winston escribe: «Todos mis sueños de compañerismo con él, de entrar al Parlamento a su lado, apoyado por él, se terminaron. Solo me quedaba perseguir sus objetivos y reivindicar su memoria».[5] Claramente, había permitido que la visión de su padre lo impulsara, para alimentar su propósito en lugar de la amargura cancerígena de sus recuerdos.

Además, Winston escogió entretejer esta perspectiva benevolente de su dura experiencia en una filosofía de vida que otros podrían vivir. Por ejemplo, considere lo que estas palabras pueden significar para aquellos que fueron criados por padres como Lord Randolph: «Los árboles solitarios, si llegan a crecer, crecen fuertes; y un niño privado del cuidado paterno a menudo, si escapa de los peligros de la juventud, puede desarrollar una independencia y un vigor de pensamiento que más tarde en la vida puede restaurar las grandes pérdidas de los primeros tiempos».[6]

Por otro lado, considere cuántos admiradores de Churchill habrán tomado consuelo de esta conclusión: «Los hombres famosos usualmente son el producto de una niñez infeliz. La continua presión de las circunstancias, las punzadas de la adversidad, las espuelas del desprecio y la burla desde temprano se necesitan para provocar una implacable determinación que lo impulsa hacia el propósito con una tenacidad e ingenio único, sin lo cual pocas veces se logran las grandes hazañas».[7]

Churchill logró transformar el trato brutal de su padre en un combustible para alcanzar las grandes acciones que marcaron su vida. Al hacerlo, nos modeló un principio vital de la hombría a fin de emularlo. Y con esto no excluimos a las mujeres, quienes también sufren las mismas heridas que los hombres y a menudo mucho más. No obstante, las mujeres tienden a manejar el dolor y las dificultades mejor que la mayoría de los hombres; tienden a ser más realistas, se sorprenden menos por las experiencias dolorosas. Esto significa que personalmente se sienten menos traicionadas por el dolor y la dificultad, así que generalmente les es más fácil soltar la ofensa y seguir adelante en la vida. Cuando a los hombres les sobrevienen dificultades, a menudo parecen quedar perpetuamente perplejos; no parecen poder dejar de atender sus heridas y recontar sus agravios. Se rascan las heridas y en el proceso las empeoran.

Caballeros, discúlpenme que sea tan duro, pero en mi experiencia, por lo general, si un hombre no llega al punto de una explicación para sus dolores, y si esa explicación no se desarrolla en un mandato para su futuro, entonces es muy probable que permitirá que sus sufrimientos lo aplasten. Los utilizará como una excusa para el fracaso, una barrera contra la gente, y un escudo contra sus propias emociones.

Esta es la razón por qué el ejemplo de Churchill es tan importante. Su padre lo brutalizó emocionalmente. Algunos investigadores se atreven a decir que Lord Randolph odiaba a Winston. No obstante, Winston permitió que estos vientos violentos lo elevaran a grandes alturas. Así como un habilidoso piloto de avión planeador que se posiciona en la corriente térmica para elevarse, Winston escogió posicionarse internamente para beneficiarse de la crueldad de su padre y al mismo tiempo ser una extensión amorosa de su legado. Él nunca negó el dolor y el tormento que había pasado, pero no permitió que eso fuera el epitafio sobre su vida.

Gracias a Dios que lo hizo. Observe el efecto que tuvo en el curso de la historia mundial. Fíjese lo que se hubiera perdido si él hubiera sucumbido a las impresiones que un hombre desbalanceado puso sobre su vida.

Lo bueno para nosotros es que Churchill no superó las maldiciones de su padre porque era un hombre excepcional. Él se hizo un hombre excepcional porque se esforzó para superar las maldiciones de su padre. Nosotros podemos hacer lo mismo; no está fuera de nuestro alcance. En cambio, esta es una de las habilidades que tenemos cuando vivimos plenamente el significado de la hombría.

¿QUÉ HARÁ USTED? ¿QUÉ HARÁ PARA PORTARSE COMO UN HOMBRE?

1. Trate de recordar las ocasiones más recientes cuando repasó en sus pensamientos el lado oscuro de su pasado: las traiciones, las palabras crueles, las profecías de perdición, y los insultos. Trate también de recordar el argumento que presentaba . ¿Estaba usted usando sus heridas para excusarse de alguna manera? Este caso, respaldado por la evidencia de sus heridas, le muestra en qué dirección usted está deformando su vida a través de la amargura y la autocompasión. Mire esto de cerca. Es su enemigo.
2. Ahora considere las dificultades y las desilusiones desde una perspectiva Churchiliana. ¿De qué manera pueden estas significar una ayuda? ¿Se escondía en su habitación para evitar el trato duro de sus padres, pero luego terminaba leyendo, practicando un instrumento, o levantando pesas? ¿Hay algo bueno sobre lo cual usted pueda construir a cambio de sus experiencias dolorosas? ¿Y qué fue lo bueno que le dejaron estas personas que le causaron esos dolores? Quizás un entrenador le haya humillado, pero tal vez le enseñó cómo trabajar duro. Tal vez un maestro le insultó durante todo el año, pero quizás pasó diez minutos enseñándole algo que cambió su vida. Busque entre los escombros, encuentre lo bueno, y extiéndalo.
3. Por último, ¡actúe! Procure realizar «grandes acciones». No haga excusas. Deje de relevarse del deber. ¡Haga algo! ¡Tome un paso! ¡Avance! Sea exitoso donde era supuesto fracasar.

Haga una diferencia donde se suponía que usted era inepto. Responda a las maldiciones con una vida bien vivida.

«LA AMARGURA ES COMO TOMAR VENENO Y ESPERAR QUE LA OTRA PERSONA SE MUERA».

—*Joanna Weaver, cita tomada de* Un espíritu como el de María: Dejemos que Dios nos cambie de adentro hacia afuera *(2007)*

SOLO UN PADRE

Solo un padre, con un rostro cansado,
llegando al hogar de la carrera diaria,
trayendo un poco de oro o fama,
para mostrar lo bien que jugó el juego,
pero contento en su corazón que los suyos se regocijan,
al verlo llegar y oír su voz.

Solo un padre, con una prole de cuatro,
uno en diez millones de hombres o más.
Continúa caminando en la lucha a diario,
soportando los latigazos y las burlas de la vida,
sin jamás quejarse del dolor o el odio,
por causa de aquellos que lo esperan en casa.

Solo un padre, ni rico ni orgulloso,
solo uno en la oleada de gente,
trabajando y esforzándose cada día,
enfrentando lo que se presente en su camino,
silencioso, cuando los crueles condenan,
todo lo soporta por amor de ellos.

Solo un padre, pero todo lo entrega
alisando el camino para sus hijos pequeños,
haciendo, con valentía firme y seria,
las obras que hizo su padre por él.
Esta es la línea que por él escribo,
solo un padre, pero el mejor de los hombres.

—EDGAR A. GUEST

LA AMISTAD

Hay una plaga que a veces me preocupa, y no es una de las grandes plagas biológicas que enfrentamos hoy día. De esas me cuido, pero de las plagas que más pienso todos los días es en la plaga de la soledad entre los hombres. En verdad, la frase que pasa por mi mente es esta: *el hombre sin amigos.*

En el trabajo que hago, tengo la oportunidad de hablar, consultar y aconsejar a muchos hombres. La mayoría de estos son líderes, y algunos son conocidos alrededor del mundo. En casi todas las oportunidades que tengo, les pregunto a los hombres acerca de sus amigos. Hace mucho tiempo aprendí en mi trabajo de consultoría que los amigos son el mejor reflejo de la felicidad, las prioridades y la salud de un hombre.

Lo que a menudo escucho de los hombres es que han perdido el contacto con los hombres que más significancia tienen para ellos. Se encuentran inmersos en un mar de relaciones casuales. Trabajan con otros hombres y usualmente pueden reunir un grupo de hombres para ir a gritar al bar deportivo. Sin embargo, cuando les pregunto con quién hablarían si estuvieran por tener un amorío o si su matrimonio se estuviera desenmarañando o si estuvieran fuera de la ciudad y necesitaran que alguien sacara a su hijo de la cárcel, la mayoría de ellos estaban perdidos cuando se trataba de nombrar a alguien. Hasta se les llenaban los ojos de lágrimas. Varios hombres con quienes hablé estaban tan solos que me preguntaron si podía recomendarles a alguien para que fuera su amigo.

La razón acerca de esta plaga podría llenar tomos. Se convertiría en un análisis critico de casi todo lo moderno en el mundo. Sería otro libro. Este libro es acerca de hacer, acerca de acciones que conforman la hombría. Estoy completamente convencido de que una de esas acciones, una de las habilidades que debemos perfeccionar para ser hombres genuinos, es la habilidad de hacer amigos.

Si usted se rio un poco cuando leyó «la habilidad de hacer amigos», puede estar seguro de que entiendo. Para la mayoría de los hombres, entablar una amistad es fácil. Para mí fue así, nunca tuve que esforzarme mucho. Nunca necesité de un conjunto de habilidades especiales para encontrar amigos en el patio de juegos. En el secundario y la universidad encontrar amigos fue aún más fácil.

Después de la universidad las cosas cambiaron. Me casé. Compré una casa. El césped alrededor de la casa insistía en seguir creciendo. Descubrí que mi esposa vino con todo tipo de familiares que también me consideraban pariente. Esto llevó tiempo, mucho tiempo. Además, yo era ambicioso. Trabajaba arduamente en mi carrera y hasta decidí obtener maestrías adicionales. Luego perdí mi corazón con dos bebés pequeñitos, y de repente después de una década y media empecé a utilizar la palabra *amigo* para referirme a los muchachos en otras ciudades a quienes llamaba una o dos veces al año. Quizás.

Lo que no tenía era una banda de hermanos, una tribu, una tropa, un grupo de hombres que conocieran mi vida y que fuera divertido rodearme de ellos, pero que no tuvieran ningún problema en confrontarme de ser necesario. Usted sabe: amigos de pacto, «¡Todos para uno y uno para todos!», y «siempre estaré contigo, hermano».

Afortunadamente, no pasó mucho tiempo antes de que empecé a darme cuenta de lo que me había sucedido. Esta realización me llegó cuando escuché alguien decir que el hombre promedio en sus treinta años no puede nombrar un amigo lo suficientemente cercano para saber qué es lo que está sucediendo en su vida, y mucho menos para llamarlo a último momento para divertirse un poco.

Yo era ese hombre promedio. Ningún otro hombre sabía lo que estaba sucediendo en mi vida interior. Ningún otro hombre era lo suficientemente cercano como para saber cómo estaba viviendo y ni siquiera darme una palabra de aliento, y mucho menos darme una advertencia si la necesitaba. Y no tenía ningún amigo maravilloso y tosco que fuera lo suficientemente cercano para meterse en mi vida y sacudirme de las raíces y de mi rutina. Como resultado, me estaba volviendo monótono y aburrido. Estaba aburrido y aburría a los demás. Y me había quedado estancado. No iba absolutamente a ninguna parte, pero mantenía la ilusión del progreso. Lo que necesitaba era a otros hombres que me empujaran para ser mejor y me forzaran a cobrar vida como hombre. En simples palabras, necesitaba amigos.

Afortunadamente, encontré algunos y me guardaron de los cánceres asesinos de la hombría de esta vida. No estoy exagerando cuando digo que estos amigos hicieron una diferencia enorme en mi vida.

Escúchenme bien, caballeros: jamás nos convertiremos en los hombres que hemos sido llamados a ser a menos que aprendamos el arte de la amistad, y cultivemos relaciones ruidosas e intencionales y significativas con otros hombres.

Esta es una de las cosas más importantes que un hombre debe saber.

De los hombres que estudié, mi ejemplo favorito sobre un pacto de amistad es el de Jonatán, el hijo del rey Saúl de Israel. En mi opinión, Jonatán vivió un estilo de amistad que no solo cambió la vida de sus

amigos, sino también a la nación. Es un alto estándar, pero creo que nuestras amistades pueden tener el mismo potencial. Jonatán nos da un modelo para que lo vivamos.

Él fue un hombre de gran espíritu. Puedo imaginarlo como si tuviera algo de hombre salvaje. Hay algo acerca de él que parecía activar la confianza y la nobleza en otros hombres, y esta es la clave para entender nuestro primer encuentro significativo con él en las páginas de la historia.

Nos encontramos con Jonatán justo cuando está por hacer algo poco ortodoxo, casi absurdo. Al estilo de los hombres de gran corazón y ardientes en espíritu, él tiene la intención de convencer a otro hombre para unirse con él en su locura. Esto sucede cuando Israel está en guerra con sus peores enemigos, los filisteos. Son un pueblo de mar que no parecen dispuestos a descansar hasta destruir completamente a Israel.

Hay un odio intenso entre estos dos pueblos, pero nadie odia a los filisteos como Jonatán. Es por eso que sin decirle a su padre decide atacar al cuartel filisteo. Solo.

Bueno, casi solo. Él espera llevar a su escudero con él. Es importante que imagine este momento en su pensamiento. Jonatán está agachado detrás de las piedras en lo alto de un peñasco por encima de una quebrada. Del otro lado del peñasco hay otro lugar alto y sobre él estaba un campamento de los filisteos. Jonatán lo vigila de cerca. Al fin, después de haber visto lo suficiente decide hacer su movida.

Ahora bien, la mayoría de los hombres estarían felices en dejar a los filisteos para otro día. La mayoría de los hombres darían vueltas y dirían algo tonto como: «Esos filisteos deberían estar contentos de que hay un peñasco entre nosotros o de lo contrario les haría pagar».

Jonatán no.

En cambio, mirando a su escudero, que tal vez no haya sido más que un fornido adolescente, le dice: «Vamos a cruzar hacia la guarnición de esos paganos. Espero que el SEÑOR nos ayude, pues para él no es difícil salvarnos, ya sea con muchos o con pocos» (1 Samuel 14.6, NVI).

Me encanta que Jonatán no hace falsas promesas. *Vamos,* le dice, *el Señor puede darnos la victoria y quizás lo haga. O quizás no. De todos modos, vamos.*

Su escudero responde al espíritu magnético que permea la vida de Jonatán: «Haga usted todo lo que tenga pensado hacer», le dice, «que cuenta con todo mi apoyo» (v. 7).

Jonatán constantemente provoca este tipo de respuestas de otros hombres. Él está completamente comprometido y quiere que los otros hombres también lo estén. En un momento veremos lo que esto significa para un rey y una nación.

Parecería lógico que Jonatán liderara a su escudero al campamento de los filisteos lo más silencioso posible. Todo el plan carece de sabiduría, pero lo más que él podría esperar era infligir tanto daño como fuera posible antes de que los filisteos se unieran y abrumaran a sus atacantes, que eran solo dos. No obstante, esto no era suficiente para Jonatán; no cuando el honor de Israel estaba en juego. En lugar de permanecer oculto, Jonatán decide mostrarse a los filisteos. Por supuesto que esto fue algo magníficamente valiente y alocado. ¿Por qué motivo revelar su posición? Pero aún así, esto fue lo que Jonatán decidió hacer, y después de hacerlo, decide atacar el campamento de los filisteos.

No fue algo fácil. Él y su ayudador tuvieron que bajar por el peñasco, cruzar la quebrada y luego subir por el peñasco del lado opuesto mientras todos los filisteos gritaban: «¡Vengan acá! Tenemos algo que decirles» (v. 12, NVI).

Estas burlas solo afirmaban el coraje de Jonatán. Así que los dos israelitas suben a lo alto del peñasco. Cuando llegan a la cima, el Señor está con ellos. Acabaron destruyendo el campamento de los filisteos y matando a veinte hombres.

Usted puede imaginarse el alarde y la celebración que había en el campamento de los israelitas esa noche. Las tropas iban a celebrar a Jonatán. Él era un hombre de hombres y continuaba enorgulleciéndolos con sus obras asombrosamente heroicas. Casi podemos escuchar a los soldados emocionados hablando acerca del tipo de rey que Jonatán iba a ser.

Esto nos lleva al tipo de amistad que cambia a un rey, una nación y el mundo.

Un tiempo después, ese día en que el niño pastor de rostro colorado mató al gigante filisteo llamado Goliat, Jonatán estaba cerca cuando Saúl entrevista al joven campeón cuyo nombre era David. El rey quiere saber quién es David y quiénes son su gente. Mientras David relata su historia, Jonatán es cautivado por el espíritu de este hombre.

Escuche el recuento de este momento por los historiadores de la corte: «Aconteció que cuando él hubo acabado de hablar con Saúl, el alma de Jonatán quedó ligada con la de David, y lo amó Jonatán como a sí mismo» (1 Samuel 18.1, RVR1960). Note que Jonatán es atraído al fuego y a la valentía del corazón de David, al espíritu de Dios en su vida, y lo ama primero por estas razones.

Aquí tenemos una lección. Es natural que en gran parte nuestras amistades tengan que ver con las cosas que hacemos. Por ejemplo, podemos tener amigos en los deportes, amigos del trabajo, y amigos con quienes creamos música. Pero las amistades de pacto tienen que estar fundamentadas sobre algo más: en el corazón, el propósito y el destino. La primera vez que oí esto me compungió. Mis amigos usualmente eran delgados y poco inspiradores, quizás los suyos también. Afortunadamente, comencé a darme cuenta de que si quería amigos unidos de corazón, con quienes podía compartir la vida genuinamente, tenía que dejar de conformarme con amistades que solo brindaban unas pocas horas de diversión y distracción. Tenía que hacer lo que hizo Jonatán, encontrar hombres espirituales y devotos a Dios y cultivar mi conexión con ellos.

Jonatán no era el tipo de hombre que pierde el tiempo. Lo mira a David, y es atraído a su espíritu. Le ama y hace un pacto con él. El relato nos dice que: «Tanto lo quería que hizo un pacto con él: Se quitó el manto que llevaba puesto y se lo dio a David; también le dio su túnica, y aun su espada, su arco y su cinturón» (vv. 3-4, NVI).

No se pierda lo que aquí sucede. El hijo del rey acaba de quitarse casi todo para darle regalos de pacto a un jovencito pastor. ¿Por qué? Porque «el alma de Jonatán quedó ligada con la de David, y lo amó Jonatán como a sí mismo». Así que Jonatán inició una amistad de pacto a través del sacrificio y el honor que sentía en su corazón.

Puedo imaginarme que dos hombres así deben divertirse a lo grande. Compiten en todo, desde correr hasta prácticas de tiro. Quizás también compiten por la atención de las mujeres. Hasta compiten para ver quién come más cordero. Se ríen y se pegan mucho. Son jóvenes campeones disfrutando una amistad alborotada.

El pacto es la base de todo esto, y el pacto está por ser probado. David continúa siendo victorioso en batalla y amado por el pueblo. Esto enloquece de celos al rey Saúl y comienza a conspirar para matar a David. Fíjese lo que hace Jonatán. Aunque el rey Saúl era su padre, Jonatán no toma su lado en contra de su amigo de pacto. Él sabe que esto podría costarle el trono. Él sabe que el descontento de su padre podría arruinar su futuro. Pero aún así, Jonatán tiene un pacto con David y no lo quebrará, particularmente cuando sabe que Saúl está ensañado para mal.

A riesgo de perder todo lo que por derecho le corresponde como hijo del rey, Jonatán comienza a vivir su costoso compromiso con David. Primero, advierte a David del peligro (ver 1 Samuel 19.1-2). Toda amistad, sin importar lo divertida y alborotada que sea, en parte se trata de cuidarse el uno al otro, avisar de los peligros. De otra manera, no sería una amistad. Sería solo acerca de dos hombres aventajándose el uno del otro, despreocupados del bienestar del otro.

Además, Jonatán con valentía «habló bien» de David a Saúl su padre (v. 4, RVR1960). Esto era algo riesgoso porque Saúl estaba enfurecido. En realidad, estaba trastornado. El hecho de que Jonatán defendiera a David con certeza fue visto por Saúl como una traición. Jonatán de todas maneras habla. Él entró en un pacto y ve lo que Dios está haciendo con su amigo.

Esto, también, es parte del pacto de amistad. Uno no debe traicionar con las palabras. No debe apuñalar por la espalda. La corrección se hace en privado. Nunca se socava ni se habla mal del otro. Y esto es así porque toda amistad es un tipo de pacto, una unión para la defensa y el apoyo mutuo. Y los verdaderos hombres guardan sus pactos.

Este pacto de amistad le sigue costando caro a Jonatán, pero no parece importarle. Él ama a su amigo; se siente ligado a su espíritu. Él sabe que ha sido destinado para ser parte de la obra de Dios en la vida de David.

Pronto, el pánico se apodera de David. La constante presión de la persecución ensañada de Saúl lo agobia. Para calmar a su amigo, Jonatán se encuentra con él en secreto y le dice: «Dime qué quieres que haga, y lo haré (1 Samuel 20.4, RVR1960). En otras palabras, *te pertenezco. Tenemos una relación de pacto. ¿Cómo puedo servirte? Haré lo que me pidas.*

Los verdaderos amigos se sirven el uno al otro. El amor, la historia y el honor lo demandan. Cuando un amigo está en necesidad usted no se retuerce las manos esperando que alguien aparezca para ayudarlo. Usted va y hace lo que puede. Se pone al servicio de su hermano de pacto.

De hecho, este pacto es tan importante para Jonatán que lo renueva justo en medio de la crisis de David (ver vv. 16-17). Jonatán aun expande el pacto ensanchándolo de un pacto entre dos hombres a un pacto entre dinastías: el relato nos dice que él hizo pacto con la «casa de David». El destino del linaje de David está en juego, y Jonatán promete apoyar ese linaje y defenderlo. Ambos hombres sabían lo que esto significaba. Jonatán acababa de hacer un pacto que se oponía a su propio padre, aun a la casa de su padre, de la cual Jonatán mismo era el aparente heredero.

Defendiendo otra vez a David delante de Saúl, por poco Jonatán pierde su vida. Su padre se ha vuelto un hombre poseído y en un arrebato de ira arroja una lanza contra su hijo (ver v. 33). Deberíamos notar rápidamente esta verdad costosa: los verdaderos amigos se anteponen al peligro mutuamente. Los verdaderos amigos absorben los golpes por el otro. Es de cobardes caminar de cerca con un hombre para disfrutar de los beneficios de su amistad, pero luego abandonarlo cuando está bajo ataque. Las verdaderas amistades dejan cicatrices. La mayoría de los hombres no pagan este precio. Esta es la razón por que viven en un mar de relaciones casuales y amigos descartados. Los hombres genuinos apoyan a sus amigos y contemplan las cicatrices que son las señales de un hombre de honor.

Con el tiempo, David queda tan atormentado por las conspiraciones de Saúl que apenas se da cuenta de lo que Jonatán hizo por él. El temor lo gobierna. Está destrozado.

Sería un muy buen momento para que Jonatán deje la escena. Su vida está en peligro y su amigo parece estar perdiendo la cabeza. No obstante, Jonatán no abandonará a su amigo ni su pacto. Cuando él se da cuenta de que David está siendo empujado al precipicio por todo lo que está dispuesto en su contra, Jonatán fue a ver a David «y lo animó a seguir confiando en Dios» (1 Samuel 23.16, NVI).

Esta es la característica distintiva de la amistad de un verdadero hombre. Los verdaderos amigos, los amigos de pacto, se infunden fe y ánimo entre ellos. Con el tiempo se hacen mejores entre ellos de lo que eran al principio. Sin embargo, si después de estar con mis amigos quedo desalentado e indiferente, entonces en lugar de animarme a seguir confiando en Dios están impartiendo tonterías en mi vida.

Para llegar a ser hombres valientes y ejemplares necesitamos más. Esto no significa que no podamos divertirnos. No significa que cada palabra que digamos deba ser en el lenguaje de la Biblia Reina-Valera. No somos duendes flotando dulcemente sobre un campo de flores. ¡Somos hombres! Pero la amistad y la confraternidad deben hacerlos mejores, no empeorarlos. No debería apartarlos de Dios o de sus esposas o de sus deberes. En cambio, deberían terminar mejores, más afilados, más descansados y quizás más inteligentes y sabios. ¿Por qué no? Por cierto, deberían terminar siendo más deseosos de ser hombres genuinos.

Los hombres ayudan a sus amigos a encontrar fuerzas en Dios. Es parte del pacto.

Finalmente, hay un momento extraordinario entre Jonatán y David. Jonatán, que hacía mucho tiempo entendía lo que Dios estaba haciendo, le dice a David: «No tengas miedo, que mi padre no podrá atraparte. Tú vas a ser el rey de Israel, y yo seré tu segundo. Esto, hasta mi padre lo sabe» (v. 17).

Recuerde que Jonatán es el hijo del rey de Israel, el heredero legítimo al trono. Y aunque sabe lo que Dios hará con David, él continúa completamente devoto. Él cede su derecho al trono. Él le dice a David lo que David probablemente ya sabe pero no está dispuesto a decir delante del hijo del rey: *Tú vas a ser el rey de Israel.* Y luego Jonatán con ternura dice: «y yo seré tu segundo».

Te serviré, David. Voy a respaldarte. No huiré del reino ni guiaré una rebelión. Estaré a tu lado como el número dos.

Al estilo de los hombres de pacto, los dos renuevan su pacto una vez más. Esta es la tercera vez que han confirmado su pacto el uno con el otro. Es lo que los hombres hacen en sus amistades. Enfrentan la vida juntos, en lo bueno y lo horroroso, en lo divertido y lo doloroso. De tiempo en tiempo, hacen pacto juntos a niveles más profundos. Esto es porque la amistad se ensancha y los desafíos aumentan. Los hombres cambian. Ellos vuelven a rearticular como hombres su devoción entre ellos con pactos más sinceros. Esta es la manera que los verdaderos hombres se ligan a sus amigos.

Me encantaría decirles que cuando murió Saúl, David se convierte en rey y él y Jonatán viven muchas décadas como amigos mientras que juntos dirigen a Israel a la gloria. Sería un final feliz a la historia, pero no sucedió de esa manera. En cambio, Saúl y Jonatán mueren el mismo día en batalla. David se entristece por su amigo muerto y aun años después busca algún miembro sobreviviente de la casa de Saúl a quien él pudiera beneficiar en memoria de Jonatán.

Sería muy fácil ver esta historia como una que no termina bien. No lo es. La verdad es que Dios usó la amistad de pacto entre estos dos hombres no solo para llenar sus vidas con hermandad y amor, sino también para posicionar a uno de ellos entre los más grandes reyes de la historia. Si Jonatán pudiera hablarnos hoy, no le oiríamos lamentar sus pérdidas y de cómo su vida fue acortada. Le escucharíamos celebrar la grandeza que David alcanzó y su gran amistad que jugó un rol en los grandes propósitos de Dios.

¿Cómo podríamos esperar menos? Recuerda la clase de hombre que era Jonatán: *¡Eh, escudero! Sé que solo tienes que cargar mi armadura para que yo pueda pelear. Pero en caso de que Dios decida hacer un milagro, subamos este peñasco con el enemigo mirándonos desde arriba y eliminemos a estos tipos de la faz de la tierra. Y hagámoslo después de decirles que vamos a prenderlos. ¿Te parece bien?*

No. Jonatán no se quejaría. Solo hubiera deseado que hubiera podido continuar al lado de David.

¿Cómo podemos vivir de esta manera? Esta amistad alta y sublime que forjó el curso de la historia, ¿está más allá de nosotros? ¿Es más de lo que los hombres de nuestro tiempo pueden manejar?

No. Está al alcance de cada hombre. Estamos comprometidos al principio de que los hombres no pueden ascender a la mejor versión de sí mismos o a su propósito dado por Dios si andan solos o si todo lo que tienen en común con otros hombres es el entretenimiento o el placer. Los hombres necesitan amigos con quienes comparten un espíritu en común, una devoción mutua a mejorarse mutuamente, y un compromiso sacrificial de proteger, animar y defender. Los hombres solo se desarrollan en conexiones vitales y de pacto con otros hombres, solo si son hijos espirituales de Jonatán, el amigo dispuesto de un pastor llamado David.

Por cierto, una vez que todo esto ha sido establecido, ha llegado la hora que ¡empiece el alboroto de la hombría!

¿QUÉ HARÁ USTED? ¿QUÉ HARÁ PARA PORTARSE COMO UN HOMBRE?

1. Tome inventario de sus amistades. ¿Son superficiales, temporales e insatisfactorias? ¿Le conducen hacia otros caminos separados de la grandeza de ser un verdadero hombre? ¿O le inspiran y le hacen desear ser un gran hombre o un verdadero hombre? ¿Confía usted en sus amigos, se conecta con ellos al nivel del corazón/espíritu, y puede depender de su sabiduría y de su ejemplo?
2. ¿Hay alguna manera de llevar sus amistades casuales que tiene ahora y profundizarlas para que se asemejen a la amistad que disfrutaba Jonatán con David? ¿Cómo podría el ejemplo de Jonatán darle sabiduría para esto?
3. ¿Cómo caracterizaría usted tener un pacto con un amigo cercano? ¿Cómo caracterizaría usted animar a un amigo para que siga confiando en Dios? De hecho, tome cada uno de los momentos significativos entre Jonatán y David descritos arriba, explíquelos en sus propias palabras, y describa cómo usted los viviría con sus amigos.
4. ¿Cómo pueden abusarse las relaciones de pactos y cómo puede usted cuidarse de eso?
5. ¿Cómo puede guiar a su esposa e hijos en amistades de pacto?
6. Jonatán se describe como un hombre con un gran corazón y «gran espíritu». ¿Qué significa esto? ¿Qué significaría esto para aquellos en su vida?
7. ¿Cómo puede usted ayudar a su generación de hombres a escapar de la soledad que los atormenta?

«NINGUNA DISTANCIA O LAPSO DE TIEMPO PUEDE DISMINUIR LA AMISTAD, SENTIMIENTOS Y EMPATÍA DE AQUELLOS QUE ESTÁN PERSUADIDOS POR EL VALOR DE OTRO».

—Robert Southey, cita tomada de The Doctor, *ed. John Wood Warter (1848)*

LA BENDICIÓN

Caballeros, quiero explorar con ustedes uno de los grandes secretos de la hombría, pero quiero hacerlo reparando la reputación de uno de los hombres más grandes de la historia estadounidense. Este es el General George S. Patton Jr.

Dígame. ¿Qué pasó por su mente al leer ese nombre? Si usted pensó en las escenas de una película en lugar de las escenas de la vida de este hombre, puedo comprenderlo enteramente. Esta es exactamente la razón por que la reputación de este hombre necesita algo de reparación.

En 1970, se estrenó en los cines una de las películas más populares de la historia de Hollywood basada en parte sobre un guión escrito por el joven productor llamado Francis Ford Coppola. La película contó con la actuación del destacado actor George C. Scott en un papel acompañado por un elenco de actores igualmente célebres. Fue magníficamente filmada en España y Marruecos, con un premiado acompañamiento musical. Hizo grandes ventas de taquilla, ganó siete de las diez nominaciones de los Premios Óscar en las que fue presentada, y eventualmente se clasificó entre las cien películas principales de la historia por numerosos críticos e historiadores cinematográficos.

La película épica a la que me refiero es *Patton.* Nunca hubo una película igual. Desde la escena de apertura donde el personaje de George C. Scott (Patton) hace un discurso crudo e inspirador, sin haber sido anunciado previamente en la película, hasta la última escena donde Patton lamenta diciendo: «Toda gloria es pasajera», la película demostró ser la magnífica revelación de un hombre, una guerra y la misma cultura americana. Siendo él ya una figura reverenciada en la mente del público, Patton se convirtió en un icónico comandante de guerra, y esto sucedió cuando la década de 1960 asolada por la guerra llegaba a su fin.

Tan conmovedora y celebrada como fue la película, también dañó trágicamente la reputación de este gran general. El guión contiene docenas de inexactitudes y exageraciones. Extrañamente, estas distorsiones probablemente fueron intencionales, la obra de los compañeros oficiales de Patton en la Segunda Guerra Mundial.

Cuando Patton famosamente cayó en desgracia y se encontró sin un mando a medida que la guerra en Europa se intensificaba, el General Omar Bradley y el General Dwight Eisenhower lo rescataron y le dieron un papel principal en la derrota decisiva del régimen Nazi. Patton sabía lo que esto le había costado a sus amigos y oficiales superiores y quedó muy agradecido. Desafortunadamente, después que Patton falleció en 1946, su viuda decidió hacer públicos los papeles privados del general en un libro titulado *La guerra como la conocí.* En sus páginas, Bradley y Eisenhower eran mordazmente criticados por ser inefectivos en el mando y débiles de carácter. «Ike es más británico que los británicos», se quejaba Patton, «y es como masilla en las manos de ellos». Consecuentemente, los dos generales vieron al fallecido Patton como un ingrato y se resintieron amargamente con él.

Quizás hayan buscado su venganza en la película épica de 1970. Tanto Eisenhower como Bradley sirvieron de asesores a los cineastas, y es posible que sus sentimientos de traición hayan resultado en las inexactitudes que fueron representadas en la pantalla. El público salía del cine creyendo que aunque Patton fue un comandante brillante, también fue un obsceno, un insubordinado, blasfemo, despreocupado con la vida de sus soldados, engañoso y una especie de religioso extraño que creía en la reencarnación.

Poco de todo esto era cierto, pero la caricatura que presentaron en la película se incorporó más profundamente en el pensamiento americano que los hechos de la vida de este gran general. Al público internacional se le instaba contra esta caricatura aún más agresivamente. La versión británica de la película fue titulada *Patton-Lust for Glory* [Patton-Lujuria por la gloria]. Este amargo revisionismo ha sido una gran pérdida tanto para la nación como para los muchos hombres que tal vez se hubieran beneficiado del ejemplo de Patton si su historia hubiese sido representada con más exactitud.

El verdadero Patton nació en Los Ángeles el 11 de noviembre, 1885, un descendiente de hombres de batalla estadounidenses de varias generaciones. Nadie se sorprendió cuando ingresó al Instituto Militar de Virginia y luego se transfirió a la Academia Militar de Estados Unidos en West Point. Los primeros años en ese lugar fueron durísimos. Eso sí, pero él estaba desesperado por distinguirse y trabajó esforzadamente para vencer sus deficiencias. Al final de su primer año fue premiado cuando alcanzó el rango más alto de su clase, preparado para pista y campo, y hasta estableció un nuevo récord en las 220 yardas de obstáculos de envergadura. En su tiempo libre, soñaba con alcanzar grandes alturas. En la contraportada de uno de sus libros de estudio, *Elements of Strategy* [Elementos de estrategia], Patton anotó lo siguiente:

«CUALIDADES DE UN GRAN GENERAL»

1. Tácticamente agresivo (le encanta pelear)
2. Fortitud de carácter
3. Firmeza de propósito
4. Aceptación de la responsabilidad
5. Energía
6. Buena salud y fortaleza

George Patton
Cadete
U.S.M.A
29 de abril, 1909

Los sueños de valentía eran naturales para él, pues le habían sido infundidos desde su niñez. Su padre primero alimentó su imaginación leyéndole *La Ilíada* y *La odisea de Homero* y las novelas de Sir Walter Scott. El joven George también fue alimentado con una dieta estable de Shakespeare. Desde joven las visiones de hazañas épicas se mezclaban con la fe religiosa, y esto era a través de la lectura de la Biblia, las lecciones del libro *El progreso del peregrino*, la oración y la devoción de su familia a la iglesia. Aunque su lenguaje vulgar y el amor por la guerra llamaron más la atención que su vida religiosa de años más tarde, Patton era un hombre que leía su Biblia diariamente, buscaba a Dios de rodillas, rara vez fallaba en reunirse con sus capellanes para orar antes de salir a la batalla y conocía lo suficiente de las Escrituras y la teología cristiana para debatir con expertos.

Su temprana carrera militar le dio una razón para esperar una gloria mayor. La distinción llegó rápidamente. Patton compitió como el representante del ejército en el evento del pentatlón de las olimpiadas de 1912, entró a México en busca de Pancho Villa con el General

John «Blackjack» Pershing, y ascendió grandemente de rango debido a sus habilidades como comandante de tanques. Sirvió heroicamente en Francia durante la Primera Guerra Mundial, ganando la medalla del Corazón Púrpura por servicio distinguido. Regresó a su casa elogiado como experto en estrategia de guerra y, a pesar de las dificultades de la vida militar estadounidense en las décadas de los años 1920 y 1930, continuó su ascenso en los rangos hasta convertirse en el comandante de la 2da división blindada del ejército de Estados Unidos. Este era el puesto que tuvo justo antes de la Segunda Guerra Mundial.

Finalmente, llegamos al momento en la vida de Patton que representa una verdad vital de la hombría genuina. Sucedió en las semanas que siguieron al bombardeo de Pearl Harbor. Estados Unidos se encontró en guerra con Alemania y Japón. A Patton se le entregó el mando de la Fuerza Operativa Occidental con un solo objetivo: expulsar a las fuerzas alemanas del norte de África. Para lograr esto Patton tenía que derrotar al legendario comandante de tanques alemanes Erwin Rommel y sus Afrika Korps. Él estaba por liderar la primera gran iniciativa de batalla emprendida por el ejército de Estados Unidos en la Segunda Guerra Mundial.

Él había soñado con un momento así toda su vida. Estos sueños lo sustentaron todos los arduos años de entrenamiento, combate y faena tediosa en puestos remotos. Él estaba preparado tanto por sus propios esfuerzos como por el entrenamiento que había recibido del ejército.

Pero aún así Patton sabía que necesitaba algo más.

Desde los primeros días que ingresó al ejército su mentor había sido el General John Pershing. Patton tuvo el privilegio de servir como parte del personal de Pershing durante la Primera Guerra Mundial, peleó en México bajo su mando, y había continuado bajo el favor de Pershing en los años posteriores. Había llegado a amar a Pershing, un general que demandaba de sus hombres una disciplina de acero, pero que habitualmente dormía en tierra y sufría los mismos peligros al lado de ellos.

Patton había aprendido de las instrucciones y las explicaciones de Pershing, pero también había aprendido del ejemplo de este hombre. Pershing era mucho más que pericia y experiencia, personalidad y carácter. Parecía haber algo invisible en la manera que convencía a los hombres, evaluaba sus estrategias, y el dominio que tenía de sí mismo. Patton concluyó que el arte del mando es mucho más de lo que se puede ver. Hay ciertas cualidades místicas presentes; ciertos empoderamientos que algunos hombres tienen y otros no. El arte de comandar es mucho más que tan solo la suma de la experiencia. Mientras se preparaba para el rol en la guerra más grande que la humanidad hubiera experimentado, Patton sabía que necesitaba este empoderamiento, esta gracia, si es que iba a tener éxito.

Por cierto, esto le llevó a visitar a su antiguo mentor en el Centro Médico Militar Nacional Walter Reed justo antes de salir para África en 1942. Pershing había estado enfermo por algún tiempo y se había convertido en un residente permanente del hospital. Patton saludó cariñosamente a su comandante anterior, conmovido una vez más por la manera profunda que este hombre había formado su vida. Los dos hablaron de la guerra y del estado de la nación. Cuando llegó la hora de irse, Patton se levantó de su silla y le dijo: «General, vine aquí para pedirle su bendición». Esto conmovió a Pershing, y le dijo: «Arrodíllate, Georgie». Patton se arrodilló al lado de la silla del anciano, permitiendo que Pershing imponga sus manos sobre su cabeza. Entonces Pershing le dijo solemnemente: «Adiós, Georgie. Dios te bendiga, te guarde, y te dé victoria».[8]

Cuando terminó, Patton se levantó, se puso en posición de firme, e hizo la venia a su general. Pershing se paró vacilante y le regresó el saludo. Patton se fue y más tarde dijo que mientras se alejaba del

Centro Médico Militar Nacional Walter Reed, pensó que nunca más volvería a ver al General Pershing. Así fue.

Las palabras de su bendición fueron pocas, y aquellos mirándolos en ese momento ciertamente habrán pensado que eran insignificantes. Pero Patton no. Él había llegado al punto de respetar las realidades invisibles de la vida y del mando. Además, también había entendido cómo una generación mayor podría tener algo sobrenatural que impartir a la próxima. Él quería el empoderamiento que había observado en la vida de Pershing. Él creía, conforme a lo que leyó en la Biblia, su fe episcopal, y la historia que conocía tan bien, que tal empoderamiento podía ser transferido de un hombre a otro, de los padres a los hijos. Él quería que alguien le impusiera las manos y que la gracia de Dios fuera invocada por uno que había conocido la gracia en su propia vida. El General George Patton pensaba que no estaba preparado para esta gran tarea hasta que esa gracia hubiera venido sobre él. Él creía que la bendición de Pershing haría eso una realidad.

Este es un momento importante para observar, y no lo podríamos haber entendido si el único punto de referencia hubiera sido la imagen que la película nos da de Patton. La verdad es que a pesar de lo profano que Patton fue, él también creyó en la existencia de Dios, en la verdad de las Escrituras, en la batalla histórica entre el bien y el mal, y en el poder que se les da a los hombres para que cumplan su propósito. Esta fue la razón por la que él quería la bendición de su padre militar antes de entrar al escenario más amplio de su destino.

Los hombres están diseñados para vivir con un sentido de conexión a sus ancestros. Anhelan sentir que están viviendo una comisión de sus padres. Sea que se den cuenta o no, quieren ser enviados al futuro, conocer la importancia en sus vidas que proviene de su herencia,

tradición y un propósito generacional. En resumen, ellos quieren pertenecer a sus ancestros de manera que sean liberados y que les dé un profundo sentido a sus vidas.

Durante siglos los hombres se referían a la muerte como «reunirse con sus padres» (Jueces 2.10, NVI). Esto creaba un sentido de rendición de cuentas ante aquellos que los habían precedido. Los hijos se veían a sí mismos como responsables de continuar con los propósitos de sus padres al mismo tiempo de creer que al morir darían cuenta a sus padres. No consideraban esto como un yugo o un conjunto de demandas opresivas de los muertos. En cambio, vivían una vida más útil y valerosa inspirada por la esperanza que descansaba sobre ellos.

Para la mayoría de los hombres hoy día, saber esto sería motivo de tristeza. Yo la he sentido muchas veces. Nuestras familias rotas, diferencias generacionales, padres ausentes o indiferentes dejan a hombres de mi edad anhelando una bendición y conexión al pasado, pero rara vez saben dónde encontrarla. Nos sentimos como huérfanos generacionales, como hombres sin padres que podrían haber impuesto una mano sobre nosotros y otra sobre el pasado. Anhelamos afirmación, impartición y propósito. Queremos la bendición.

No debemos desesperarnos. Hay un Dios, y él puede ser padre a los que no tienen padres. Él puede dirigirnos a los campos de honor y al mismo tiempo asegurar nuestra preparación, bendición y el propósito ennoblecedor que otros han disfrutado. Quizás el precio sea, así como tantas otras cosas que carecen los hombres de nuestra generación, de que Dios solo se encuentre con nosotros cuando le buscamos con fervor.

No deberíamos titubear de perseguir esta conexión a la herencia y encontrarla donde podamos. Tengo amigos que nunca conocieron a sus padres, pero que se arrodillaron frente a ancianos veteranos pidiéndoles su bendición. Más tarde, mis amigos me dijeron que solo querían que alguien, que había vivido una vida noble, le pidiera a Dios que su gracia estuviera sobre ellos. Conozco a otros hombres que han estudiado su familia e historia étnica y han creado sus propias liturgias en las cuales juntos le pidieron a Dios que les concediera el espíritu de sus ancestros justos. Tengo un amigo que buscó por años para encontrar, aunque fuera un pariente lejano, un hombre que pudiera bendecirlo y ayudarlo pedir a Dios que restaurara el propósito que su familia perdió. Todos estos hombres fueron dramáticamente cambiados una vez que dejaron de lamentar lo que no tenían y se pusieron a buscar lo mejor que podían conseguir.

No deberíamos pensar en nosotros mismos como hombres sin una herencia o pertenencia. Tenemos padres, de la fe, la vida nacional, en nuestra herencia étnica y aun entre nuestra familia extendida. Deberíamos dedicarnos a restaurar nuestras conexiones a un pasado que nos eleve dondequiera que podamos encontrarlo.

Permítame contarle brevemente cómo esto se desarrolló en mi vida. Como ya lo expliqué, mi padre fue un buen soldado y un estadounidense heroico, pero mantenía cierta distancia emocional con sus hijos. Habiendo vivido esto mis primeros dieciocho años, yo esperaba algo más cuando salí de mi hogar para empezar mi propia familia. Ya había hecho la paz con esto. El hecho que me había hecho cristiano y que tenía padres espirituales y amigos mayores que parecían llenar ese vacío ayudó mucho.

Todo iba bien hasta que una serie de experiencias —una de ellas fue leer lo sucedido con Patton arrodillándose ante Pershing— me hizo anhelar aquello que me impulsara hacia adelante como hijo de mi padre. Sabía que no debía hacer como mis amigos de ir a mi padre y pedirle que impusiera sus manos sobre mí y declarara una invocación. Hubiera sido recibido con sarcasmo y desestimación. Eso le hubiera avergonzado y no quise abrir una oportunidad para más daño.

Por tanto, decidí invertir el proceso. En lugar de pedir la bendición de mi padre, algo que él no hubiera entendido ni tampoco hubiera sabido cómo hacerlo, decidí yo bendecirlo a él. Le escribí una carta extensa agradeciéndole por todo lo bueno que había llegado a mí a través de su vida. Escribí acerca de los lugares que había vivido a causa de su carrera y cómo esas experiencias me habían cambiado. Le describí los beneficios de la cultura militar para un niño estadounidense creciendo en la década de los setenta. Le describí cómo vivir en Berlín, Alemania, durante la Guerra Fría me había diferenciado de mis amigos y me había llevado a amar a mi nación y la libertad que de otro modo jamás hubiera conocido.

Además, también escribí todo lo que pude acerca de su carácter. Él había sido un buen soldado, cuando no estaba en la guerra llegaba a casa todas las tardes a las seis para cenar, había sido generoso con sus hijos, y nos había dado un hogar hermoso y ordenado. Jamás se cruzó por mi pensamiento que un padre podría entrar de noche a la habitación de su hijo para un propósito vil. Jamás se cruzó por mi pensamiento que las pocas botellas de alcohol en nuestro hogar podrían significar la destrucción o que mi madre pudiera estar sufriendo violencia en secreto. Estas posibilidades nunca entraron en mi pensamiento porque no sucedían en nuestra familia, un tributo, en parte, a este hombre decente, diligente y heroico.

La carta que recibí en respuesta fue lo más cerca que mi padre podría llegar a dar una bendición. Él me habló, en términos militares, de lo orgulloso que estaba de mis logros y de la certeza de que yo continuaría creciendo en mis emprendimientos. No obstante, también me dijo que pasó varias horas en lágrimas antes de escribirme y que pocas veces en su vida fue tocado tan profundamente como lo fue con mi carta. Supe que habíamos hecho una conexión y de que me había dado todo lo que él tenía para dar.

Fue suficiente. Yo podía continuar con las esperanzas y expectativas de mi padre, los elementos más honorables de su ejemplo y, por cierto, el servicio ejemplar a su nación. Esto, combinado con los hombres que Dios puso a mi alrededor y la herencia de fe heroica que tengo por la simple virtud de ser cristiano, es una comisión y herencia que llena mi alma.

Algunos hombres tienen padres magníficos que dieron a sus hijos todo lo que un padre debe dar. Algunos hombres no tienen ningún padre. Otros tienen padres tan desinteresados que es lo mismo que no existieran. Algunos hombres tienen padres que por su conducta han hecho enemigos a su familia.

La verdadera hombría enfrenta valientemente cada una de estas condiciones difíciles, determinada en alcanzar la sanidad y la superación. Y los verdaderos hombres extraen de las fuentes de su herencia, de su propósito generacional y del legado disponible a ellos para poder vivir vidas nobles y honorables. No es fácil, pero puede ser hecho. Hay una bendición en su obtención.

¿QUÉ HARÁ USTED?
¿QUÉ HARÁ PARA PORTARSE COMO UN HOMBRE?

1. Asegúrese de conocer el significado de la palabra *bendición*. Busque los diferentes usos de la palabra en la Biblia y anote los versículos donde un anciano o una anciana dan su bendición a un hijo o a alguien de la siguiente generación. Busque este concepto en la historia, su etnicidad o historia tribal. También podría leer los mejores libros que exploran este concepto desde una perspectiva bíblica.
2. ¿Quién está en una posición para bendecirlo? Su padre, su líder tribal, los hombres mayores en su familia, sus mentores espirituales o tal vez otros parientes: todos ellos son posibilidades. Tenga en cuenta que las madres y otras mujeres en su vida son también candidatas.
3. Si una bendición es la transferencia de lo bueno de pasadas generaciones, averigüe cuáles son los buenos elementos en su linaje familiar, su tribu, su pueblo. ¿Qué es lo que le gustaría recibir como bendición del pasado de su pueblo?
4. Junto con los otros hombres que forman parte de su «banda de hermanos», elabore un ritual o una ceremonia de bendición. Si su iglesia ya tiene un ritual como este, reúnase con su pastor para ver cómo se aplica a su vida. Estos rituales o ceremonias no tienen que ser altamente complejos, pero deben incluir un tiempo de preparación, tanto con declaraciones extemporáneas y escritas de bendición, testigos, personas designadas para imponer las manos y pronunciar la bendición y, al final, algún objeto conmemorativo (una espada, una

taza, un alfiler de corbata del abuelo, el bastón de ejército de papá, una falda escocesa, un libro, y así sucesivamente).

«SI LOS JÓVENES NO SON INICIADOS EN LA ALDEA, LA QUEMARÁN SOLO PARA SENTIR SU CALOR».

—Proverbio africano

LA FORTALEZA DE UNA NACIÓN

¿Qué es lo que hace que los pilares de una nación
sean altos y sus cimientos fuertes?
¿Qué es lo que hace que una nación sea poderosa y
se atreva a desafiar a los enemigos que la rodean?

No es el oro. Sus grandes reinos
desaparecen en el fragor de la batalla y
sus astas descansan bajo la arena que se hunde,
no sobre la roca.

¿Acaso es la espada? Preguntad al polvo rojo,
de los imperios que han desaparecido.
Su sangre ha transformado sus piedras en óxido
y su gloria en decadencia.

¿Acaso es su orgullo? ¡Ah! La reluciente corona
le pareció dulce a las naciones;
pero Dios ha disipado su brillo
y sus cenizas están a sus pies.

No es el oro sino los hombres
que hacen a una nación grande y fuerte;
hombres que por la verdad y el honor,
permanecen y sufren por mucho tiempo.

Son los hombres valientes los que trabajan mientras otros
duermen...
Que se atreven mientras otros vuelan...
Construyen los pilares profundos de una nación y
los levantan hasta el cielo.

—RALPH WALDO EMERSON

LA BÚSQUEDA

SI USTED ES UN CAZADOR, TAL VEZ YA SEPA POR QUÉ ALGUNOS de los padres fundadores estadounidenses querían que el pavo fuera el símbolo nacional en lugar del águila. Bellas como lo son, las águilas son carroñeras. Los padres fundadores eran hombres que aún estaban domando la naturaleza y lo sabían muy bien. No se impresionaban con facilidad, pero estaban impresionados con los pavos. Si alguna vez usted salió para cazar pavos, también se habrá impresionado.

Estos animales son increíblemente rápidos, capaces de correr cuarenta kilómetros por hora y volar a una velocidad de ochenta y ocho kilómetros por hora. Además, son inteligentes y están en constante alerta. A los cazadores les gusta decir que el venado piensa que todo cazador es un tronco de árbol, pero el pavo piensa que todo tronco de árbol es un cazador. Pueden ser difíciles de encontrar, difíciles de matar y, solo para ser tercos, después de muertos se hacen difíciles de limpiar. Cada pavo adulto tiene cerca de cinco mil quinientas plumas.

Estamos hablando del pavo salvaje. El pavo domesticado es otra historia. Son idiotas, quizás el animal más tonto en existencia. Los pavos domesticados morirían de glotonería a menos que alguien los detuviera. Si un trueno los asusta, a menudo se amontonarán en un rincón de su corral sofocándose unos a otros.

Interesante, ¿verdad? En la naturaleza los pavos son asombrosos. Cuando están domesticados, son tan estúpidos que tienen que ser resguardados para que no se maten entre ellos por accidente en una docena de maneras diferentes.

Caballeros, admitámoslo: la mayoría de nosotros hemos sido trágica y excesivamente domesticados. Casi no tenemos ninguna conexión con lo natural o nuestro lado más rústico. Las palabras como *aventura, hazaña,* y *búsqueda* ya no se aplican más a nosotros. Y es la razón por que somos tan suaves, quejumbrosos y aburridos.

Permitamos que las palabras de algunos sabios nos compunjan.

> Los hombres de edad tienen demasiadas objeciones, consultan demasiado, aventuran muy poco, se arrepienten muy rápido, y rara vez llevan a cabo sus emprendimientos por un periodo completo de tiempo; en cambio, se contentan a sí mismos con la mediocridad del éxito.
>
> —Francis Bacon, «Of Youth and Age»,
> de *The Essays; Or Counsels, Civil and Moral*

> Yo creo que se nos hace domesticar el sentido de la aventura. Además, nos asustamos. En algún trayecto del camino un hombre pierde esa confianza, esa temeridad o intrepidez que tenía de niño. En algún momento en la historia de su vida entró la duda. Y la duda dice lo siguiente: «No lo harás. No eres capaz. No puedes hacerlo. No lo podrás lograr. Así que alinea tu nariz al caballo que tienes delante de ti, ponte en la fila y conviértete en un caballo castrado. Amarra tus riendas al corral corporativo y renuncia a todo sentido de riesgo».
>
> —John Eldredge, *10 Passions of a Man's Soul* (2006)

> La seguridad es más que nada una superstición. No existe en la naturaleza, ni tampoco la experimentan enteramente los hijos de los hombres. A la larga, evitar el peligro no es más seguro que estar expuesto en forma directa. La vida es una aventura atrevida o no es nada.
>
> —Helen Keller, *La puerta abierta* (1957)

Al leer estas palabras sé que algo he perdido. Me he tornado en un pavo domesticado. ¡Qué Dios me ayude! Se ha exprimido de mí el riesgo y el atrevimiento y la necesidad de la aventura por el deber y la comodidad de la vida moderna. No pienso quedarme así.

Mi GPS interior necesita ser reiniciado si es que navegaré la geografía de la hombría. Quizás echando un vistazo a la vida de un hombre que mapeó esa geografía hace más de un siglo me ayude a recuperarme a mí mismo. Acompáñeme.

Vamos a considerar la vida de Jedediah Smith, uno de los más grandes hombres exploradores y de la montaña en la historia estadounidense. Su lista de ser primero en algo es impresionante. Él fue el primer hombre blanco que viajó por tierra al Gran Lago Salado, el río Colorado y al desierto de Mojave. Él fue el primer ciudadano de Estados Unidos que exploró la Sierra Nevada y la Gran Cuenca en dirección hacia el este. Él fue el primer estadounidense en cruzar California hacia el territorio de Oregón. Además, descubrió el famoso Paso Sur que los pioneros usaron en masa para llegar a la región de Oregón. Sus descubrimientos y exploraciones cambiaron la manera que se extendió la nación hacia el oeste y, por tanto, la misma nación. En el proceso sobrevivió tres masacres, el clima más frío en registro y ser atacado por un oso.

Estos logros serían magníficos si él hubiera llegado a vivir hasta los cien años, pero murió a la edad de treinta y dos años, habiendo tan solo iniciado sus viajes una década antes.

Smith nació en Jericho, Nueva York, el 6 de enero de 1799. Él provenía de dos familias de Nueva Inglaterra que temían a Dios y fue afortunado de ser mentoreado por una serie de hombres de Dios. En sus primeros años, dos pastores itinerantes metodistas le enseñaron mucho de lo que ellos sabían. Más adelante, el doctor Titus G. V. Simons, un médico pionero cercano a la familia Smith, inculcó en el joven «Diah» el amor por la naturaleza y la aventura. Simons le dio a su joven amigo una copia de las crónicas del viaje épico al océano Pacífico en 1814 de Lewis y Clark. Smith leyó las páginas del clásico libro y le nació un anhelo por la aventura, y lo mantuvo a su lado el resto de su vida.

En 1822, el joven Smith de veintitrés años se topó con un anuncio que cambió su vida. Fue el famoso llamado del General William Ashley a los hombres aventureros.

> A todos los jóvenes emprendedores
>
> El que suscribe desea contactar a UNA CENTENA DE HOMBRES que quieran subir por el río Missouri hasta su fuente para darles empleo durante uno, dos, tres años... Para más detalles pregunte por el Mayor Andrew Henry, cerca de las minas de plomo, en el Condado de Washington, (que ascenderá y estará al mando del grupo) o con el que suscribe en St. Louis.
>
> *Wm. H. Ashely*

Los hombres que respondieron a este llamado llegaron a ser conocidos como «Los cien de Ashley». Smith fue uno de ellos. Él hizo varios viajes con Ashley subiendo y bajando por el río Missouri, a menudo recorriendo la misma ruta que Lewis y Clark habían tomado. Fue probado por las dificultades y los enfrentamientos mortales con los indígenas, pero Smith sabía que había descubierto la obra de su vida. Un año después, apenas con veinticuatro años, fue hecho capitán de tripulación de uno de los barcos de Ashley. Su primera misión fue explorar los sectores desconocidos del territorio que eventualmente formarían el estado de Montana.

Smith hizo muchos viajes similares durante su corta vida. Su gran valentía y deseo de ver tierras desconocidas, junto con las dificultades medrosas que enfrentó, lo convirtieron en una leyenda entre los hombres legendarios.

Por ejemplo, décadas después de su fallecimiento, los hombres se sentaban alrededor de los fogones y contaban de la vez que él fue perseguido y atacado por un enorme oso pardo. La gran bestia lo derribó abriéndole el costado y metió su cabeza enteramente en su mandíbula. Smith peleó valientemente hasta que de repente el animal se retiró cuando escuchó el sonido de hombres acercándose. Había sido tan mutilado que sus hombres pensaron que él estaba muerto. Su cuero cabelludo había sido abierto en forma serrada y su oreja había sido desgajada de la cabeza. Después que sus heridas fueron lavadas, Smith calmadamente instruyó a uno de los hombres acerca del método apropiado para coser su oreja y cerrar la herida de su cabeza. Las cicatrices marcadas en este encuentro se sumaron a la leyenda de este hombre, como también el cabello largo que dejó crecer sobre sus heridas.

En otra ocasión, mientras Smith dirigía a un grupo sobre las montañas occidentales, los vientos soplaban con tanta furia que un lado de la montaña quedó completamente sin nieve, y los búfalos que regularmente pastaban cerca de allí salieron en una estampida hacia terrenos más seguros. Cada noche de esta terrible experiencia los hombres se quedaban despiertos para que el viento no se llevara sus frazadas y pesados abrigos. Cuando al fin pudieron encender un fuego, el viento voló los leños de la montaña. Tuvieron que soportar estas condiciones por dos días.

Dándose cuenta de que tenían que descender, el grupo siguió un arroyo que descendía a un cañón. Allí se acurrucaron juntos para calentarse. Pasaron un frío intenso, por horas, antes de mirar hacia arriba y ver a una oveja montés sobre lo alto de la colina. El viento continuaba soplando tan fuertemente que, mientras los hombres miraban desde abajo, el animal fue arrastrado de la cresta de la colina y fue descendiendo por la ladera del acantilado y terminó justo a los pies de estos hombres hambrientos. La oveja desorientada fue fácil de matar. En *Jedediah Smith and the Opening of the American West* [Jedediah Smith y la apertura del Oeste], Dale L. Morgan concluyó su descripción de este episodio con las siguientes palabras: «Clyman (uno de los hombres de Smith) se levantó temblando de sus frazadas, arregló un fogón y comenzó a asar trozos finos de carne. El olor sabroso estimuló a sus compañeros, y toda esa noche cocinaron, comieron y se contaron mentiras entre ellos».[9]

Tales son los caminos del hombre. Más importante que estas aventuras para Smith era el poder de su fe. Él era descendiente de sus ancestros de Massachusetts, quienes conocieron y admiraron a los peregrinos de Plymouth. Su pueblo era determinadamente cristiano y audaz. Uno de ellos, un hombre piadoso, estuvo entre los primeros en atravesar las cataratas de Niágara y sobrevivir para contarlo. Jedediah era del mismo espíritu. Sus hombres sabían que él siempre llevaba su Biblia en el bolsillo de su camisa. Además, también sabían que mientras ellos atacaban a una comida recién preparada, Smith primero levantaba su voz en agradecimiento a Dios, que era tanto una expresión genuina de gratitud como también una reprensión a su tripulación por sus costumbres paganas. A menudo, en sus viajes largos y solitarios él memorizaba muchos pasajes extensos de las Escrituras y regularmente citaba los versículos en voz alta durante las muchas millas que viajó. Tal vez sus hombres no compartían su fe, pero tomaban consuelo en la conexión que su capitán tenía con Dios.

Jedediah Smith fue un hombre extraordinario, pero más importantemente para nosotros es que fue un hombre plenamente vivo, dedicado a la aventura y siempre en la búsqueda de lo nuevo y lo inexplorado.

En este capítulo estoy siendo muy franco. La parte en mí parecida a Jedediah Smith está en peligro de morir temprano, así como el hombre real. Tengo una vida bastante fantástica. Viajo. Predico. Trabajo con personas poderosas. Salgo por televisión. Tengo la esposa de mis sueños y los hijos que amo desde mi corazón.

¿Es suficiente? Sí, pero esto no es el todo de ser un hombre. Seamos directos. Los hombres necesitan ladrar a la luna. Los hombres necesitan hacer que algo explote. Los hombres tienen una necesidad de impulsarse dentro de una zona que no controlan, que en realidad no es una zona.

Los hombres necesitan salir en una búsqueda, en una misión.

Esto no sucede mucho en mi vida. Pero sucederá. ¿Y a usted? ¿Puede usted permitirse perder esta gran parte de quién es en verdad? No lo creo. Ni tampoco creo que los hombres de nuestra generación pueden permitirse que este aspecto de la búsqueda de la aventura sea algo dispensable.

Voy a dar mi última palabra acerca de este hombre a quien admiro, que sabe algo acerca de la aventura. Se trata de Jon Krakauer, el autor de *Hacia rutas salvajes, Mal de altura, Obedeceré a Dios* y *Donde los hombres alcanzan toda gloria*. Escuche:

> Deberías cambiar radicalmente de estilo de vida y empezar a hacer cosas que antes ni siquiera imaginabas o que nunca te habías atrevido a intentar. Son demasiadas las personas que se sienten infelices y que no toman la iniciativa de cambiar su situación porque se las ha condicionado para que acepten una vida basada en la estabilidad, las convenciones y el conformismo. Tal vez parezca que todo eso nos proporciona serenidad, pero en realidad no hay nada más perjudicial para el espíritu aventurero del hombre que la idea de un futuro estable. El núcleo esencial del alma humana es la pasión por la aventura. La dicha de vivir proviene de nuestros encuentros con experiencias nuevas y de ahí que no haya mayor dicha que vivir con unos horizontes que cambian sin cesar, con un sol que es nuevo y distinto cada día. Si quieres obtener más de la vida debes renunciar a una existencia segura y monótona. Debes adoptar un estilo de vida donde todo sea provisional y no haya orden, algo que al principio te parecerá enloquecedor. Sin embargo, una vez que te hayas acostumbrado, comprenderás el sentido de una vida semejante y apreciarás su extraordinaria belleza.[10]

No sé qué es lo que Jon Krakauer cree acerca de las cosas espirituales. Pero sí sé que cree las cosas correctas acerca de la necesidad que el hombre tiene de la aventura. Además, yo sé que Dios me creó, me creó para vivir una vida plenamente participativa; y marchar más allá de algunos límites, aventurarme más allá de lo que me resulta fácil y permitir que mi alma sienta que está amenazada. Mi asiento de avión en primera clase, mi habitación en el hotel Hilton, mi bistec en Morton's, mi adicción al iPad y mi estilo de vida sobrecargada no me están ayudando para ser esta clase de hombre.

Quédese sintonizado. Regresaré.

¿QUÉ HARÁ USTED?
¿QUÉ HARÁ PARA PORTARSE COMO UN HOMBRE?

1. Consiga y lea el libro por John Eldredge *Salvaje de corazón*. Es el mejor libro sobre este tema.
2. ¿Recuerda la última vez que su corazón se aceleró, sudó como un cerdo, pensó que se iba a morir y conquistó algo y luego aburrió hasta el cansancio a su banda de hermanos contándoselo una y otra vez? Vaya a hacer algo similar otra vez. Solo que no se haga arrestar.
3. Y luego entrénese para algo más grande.
4. Por último, encuéntreme y asegúrese de que yo esté haciendo lo mismo.

«SIN AVENTURA, LA CIVILIZACIÓN ESTÁ EN DECADENCIA».

—Alfred North Whitehead, cita tomada de Aventura de ideas *(1933)*

EL ESPEJO DE LA VIDA

Hay corazones leales, hay espíritus valientes,
hay almas que son puras y verdaderas;
por tanto da al mundo lo mejor que tienes,
y lo mejor regresará a ti.
Da amor y fluirá el amor hacia tu vida,
y tendrás fuerzas en tu necesidad profunda;
ten fe y muchos corazones mostrarán
su fe en tu trabajo y en tus hechos.
Di la verdad y serás retribuido por la verdad,
y el honor te encontrará;
y la sonrisa que es dulce ciertamente volverá
a encontrar otra sonrisa dulce.
Ten lástima y pena de los que lloran;
volverás a recoger flores
de las semillas que salieron de tus intenciones
aunque la siembra pareció en vano.
Porque la vida es el espejo del rey y el esclavo,
muestra exactamente lo que somos y hacemos;
por tanto da al mundo lo mejor que tienes,
y lo mejor regresará a ti.

—MADELINE S. BRIDGES

EL HUMOR

El ensayista inglés William Hazlitt escribe en *Sobre el ingenio y el humor* (1819), «El hombre es el único animal que ríe y llora; porque él es el único que conoce la diferencia entre las cosas que son y las que debieran ser». Creo que estas palabras expresan bellamente cómo los hombres utilizan el humor, y me hace recordar una de mis historias favoritas de los «grandes hombres», una historia que ilustra el humor del hombre en un momento crucial de la historia.

Esta llega, como muchas de las otras historias maravillosas, de la vida de Winston Churchill. Durante los años cuando la política izquierdista de Inglaterra estaba nacionalizando sistemáticamente las industrias y los servicios de la nación, Churchill se retiró en medio de una sesión bulliciosa del Parlamento para usar el baño de los hombres. Esto sucedió en los días cuando el mingitorio a menudo era un metal o una porcelana que se extendía a lo largo del baño. Mientras Churchill se aliviaba, uno de los principales nacionalizadores entró al baño y empezó a orinar al lado de Churchill. El irritado conservador se corrió al extremo más lejano posible del mural. «¿Estamos un poco distantes hoy, eh, Winston?», dijo en tono burlesco el recién llegado. «No», gruñó Churchill: «Lo que pasa es que cada vez que ves algo grande, lo quieres nacionalizar».

Caballeros, este es un ejemplo perfecto. Es una lección sobre el arte del humor masculino. Primero, es lo suficientemente gracioso como para que uno esté ansioso de volver a contarlo. Esto es importante. El humor masculino debe tener el suficiente factor de risa para que califique como viral. Segundo, debe tener un mensaje. De hecho, hace un punto muy bueno. *Permíteme esconder mis partes privadas para que tu socialismo irracional no lo confunda como algo que la nación debe poseer.* Tercero, hace sangrar. El humor masculino no tiene que ser la equivalencia verbal de pegarle un golpe a otro hombre siempre. A veces el humor masculino sirve de aliento o sirve de entretenimiento y distracción. Pero cuando se necesita el humor para hacer al enemigo sentir dolor, el ejemplo de Churchill es la forma de hacerlo. Finalmente, es algo crudo. Esto le encanta a los hombres. Para que un hombre gane un punto filosófico mencionando una parte de su cuerpo de tal manera que su oponente no pueda evitar también reírse, ese es un momento masculino de victoria.

El humor masculino cumple muchas funciones, pero a menudo es como la señal enviada por el radar de un submarino. *¿Hay alguien por ahí? ¿Estoy seguro siendo un verdadero hombre contigo?*

El humor masculino también explora la naturaleza de las cosas. Las mujeres que leen este libro podrían decirle a sus esposos: «¡Winston Churchill era *crudo*!». Pero los hombres saben que Churchill solo estaba señalando una amplia verdad sobre un asunto importante. *Ustedes los liberales están nacionalizando en la sociedad todo lo que está a su alcance. Pero, presten atención: ¡no les pertenece! ¡Y solo porque sea grande no significa que deba ser nacionalizado! ¡Y lo más probable es que lo están haciendo por envidia!*

Por último, en situaciones más serias, el humor masculino enfrenta el temor y prepara el corazón para la acción. Es un mecanismo para lidiar con el peligro, apaciguar el pánico y para convocar a los compañeros para salir a la carga. Llámelo humor forense o humor de trinchera.

Dondequiera que se emplee es la manera que a veces los hombres usan el comentario burdo, pero siempre chistoso, para forzar una risa y alentar a sus hermanos en armas. *Bueno, vamos a enfrentar los monstruos, pero al menos estamos juntos. Y estos idiotas probablemente no sean tan feroces como nos han dicho. Escucho que ni siquiera pueden encontrar su hombría con una linterna. ¡Vamos a domar estos bufones!*

El humor masculino es una de las grandes alegrías de ser un hombre. Además, es uno de los instrumentos en el conjunto de herramientas de los grandes y verdaderos hombres.

El escritor inglés G. K. Chesterton, en su uso del humor, era parecido a Churchill cuyo estilo humorístico presentaba la sorpresa y el gozo que surgen de la cosmovisión cristiana. Aunque Chesterton era mejor conocido por su novela de detectives *El Padre Brown*, su biografía de Santo Tomás de Aquino, y su clásica obra apologética *Ortodoxia*, él escribió mucho más, incluso ocho libros, doscientas historias breves y cuatro mil artículos. Sus escritos fueron profundamente influyentes. Hombres muy estimados como Mahatma Gandhi, el obispo Fulton Sheen, y el líder republicano irlandés Michael Collins reconocieron la influencia que él tuvo en ellos. La obra de Chesterton, *El hombre eterno,* tuvo un rol crucial en la conversión de C. S. Lewis. Por cierto, él fue uno de los grandes pensadores del siglo veinte.

Pero también fue incuestionablemente excéntrico. Físicamente era un gigante, medía casi dos metros de alto y pesaba ciento treinta y seis kilogramos, con cabello abundante y despeinado. Le gustaba contar chistes como que él era el hombre más cortés de Inglaterra porque cuando cedía su asiento en un autobús se podían sentar cuatro mujeres en su lugar. Tenía una presencia impresionante con su capa, sombrero arrugado y bastón, y rara vez pasaba mucho tiempo sin tener un cigarro

en su mano. Además, era torpe y despistado. Periódicamente enviaba telegramas a su esposa pidiendo ayuda para saber dónde debía estar. «Estoy en Aldersgate. ¿Adónde debo estar?», le escribía. Ella a menudo le respondía: «En casa».

Quizás su desorientación en el mundo real fue el precio que pagó por tener una mente perspicaz y el sentido de asombro. Chesterton vio el universo lleno de un misterio benevolente. Él creía que un Dios amoroso diseñó la creación para apelar a la curiosidad y el apetito intelectual de la humanidad. Esta es la razón por la que escribió artículos aparentemente tan triviales sobre temas como la tiza, estar acostado en la cama y «lo que encontré en mi bolsillo».

Además, es la base para su humor. Cuando la hermana joven de su prometida fue matada trágicamente, Chesterton insistió en escribir a su prometida largas cartas de amor de «frivolidad interminante» en lo peor de su duelo. Le dijo a un amigo: «He jurado que Gertrude no sentirá, dondequiera que esté, que la comedia se disipó de nuestro teatro».

Él creía que ninguna obra de Dios debía quedar sin ser tocada por la ligereza, incluso la muerte. Cuando le dejó instrucciones a su esposa acerca de su funeral, escribió: «Si alguno se le ocurre un buen chiste acerca de mi ataúd, le ordeno por todos los truenos que lo diga. Si no lo hace patearé la tapa y yo mismo lo diré... No, querida, si estamos recogiendo flores no las esconderemos cuando pase el coche fúnebre».[11]

Su sentido de asombro le dio amor por los niños e ideaba grandes proyectos para involucrarlos y estimular sus imaginaciones. Una vez organizó la Sociedad para Promover la Lluvia, lo que en Inglaterra sería similar como crear una organización dedicada a la conservación de nieve en Alaska. Chesterton hizo tarjetas de membresía y nombró a la sobrina de su esposa, Rhoda Bastable, como presidente, y a sí mismo como G. K. Chesterton, Secretario. Los estatutos de la organización requerían que se celebraran las reuniones de junta en las llanuras de Salisbury, donde bajo la señal de un paraguas los miembros eran invitados a participar comiendo pasteles y tomando café bajo la lluvia».[12]

Tenga en cuenta que este hombre que vemos creando sociedades ficticias con los niños fue descrito por un estudioso como «uno de los pensadores más profundos que haya existido».[13] Un papa lo llamó un dotado defensor de la fe. Hasta uno de sus más grandes adversarios dijo que el mundo no le agradeció lo suficiente. Y su biógrafo, Dale Ahlquist, discute: «G. K. Chesterton fue el mejor escritor del siglo veinte. Él dijo algo sobre todo y lo dijo mejor que cualquiera».[14] Pero aún así Chesterton soñaba con tomar café en las llanuras de Salisbury con los niños, bajo la lluvia, y no podía ir al almacén a comprar leche sin olvidarse dónde tenía que estar porque se quedaba pensando sobre el sentido que tenía la pelusa en su bolsillo.

Era un hombre de humor, divertido, y una fascinación con las maravillas del universo y un gran apetito por el conocimiento. Esto lo hizo un hombre excepcional, uno de los gigantes de su tiempo. Considere las siguientes ocurrencias, seleccionadas de sus tomos:[15]

«El arte, como la moralidad, consiste en trazar la línea en alguna parte».

«Por los expertos en la pobreza no me refiero a los sociólogos, sino a los hombres pobres».

«Una vez planifiqué escribir un libro de poemas enteramente sobre las cosas en mi bolsillo. Pero me di cuenta de que sería muy largo; y la era de las epopeyas ya pasó».

«No libere al camello de la carga de su joroba: puede terminar liberándolo de ser un camello».

«Las falacias no dejan de ser falacias por el mero hecho de que se pongan de moda».

«Creo en la eficacia de meterse en agua caliente: te mantiene limpio».

«Busqué en todos los parques y en todas las ciudades y no pude encontrar estatuas de comités».

«El periodismo consiste mayormente en decir: "Lord James ha muerto" a la gente que jamás supo que Lord James estaba vivo».

«Simplemente tener una mente abierta no es nada; el objeto de abrir la mente, así como abrir la boca, es volver a cerrarla sobre algo sólido».

«La fuerza moderada se demuestra con la violencia, la fuerza suprema se demuestra en la distensión».

«Ningún hombre sabe que es joven cuando es joven».

«Una de las grandes desventajas del apuro es que consume mucho tiempo».

«La gente generalmente pelea porque no puede discutir».

«El ideal cristiano no ha sido probado y encontrado deficiente; ha sido encontrado difícil y dejado sin probarse».

«No hay hombre realmente sagaz que no se haya dado cuenta que es tonto».

«Los pobres en ocasiones se han opuesto a ser mal gobernados; los ricos siempre se han opuesto a ser gobernados».

«El reformador siempre está en lo cierto acerca de lo que está equivocado. Y generalmente está equivocado sobre lo que tiene razón».

«Para ser lo suficientemente listo para apoderarse de todo el dinero, uno debe ser lo suficiente tonto para quererlo».

Reírse, contar chistes, las bromas y relatar historias son algunas de las mejores experiencias en la vida. Enriquecen nuestros días, nos unen, nos enseñan y hacen que la vida sea más dulce y llevadera. Son los regalos de Dios y los frutos de la humildad y el asombro, porque estos solo son posibles cuando vemos las fallas del mundo, pero nos contentamos con el conocimiento que incluso las fallas tienen un propósito en el plan de Dios. Por tanto, podemos relajarnos y reír, hacer un chiste, o contar una historia graciosa porque sabemos que nuestra seriedad no cambia nada. Dios reina, y somos libres para deleitarnos en este hecho y usar el humor para soportar la forma que son las cosas mientras esperamos la perfección que vendrá.

Los hombres genuinos entienden el poder y el significado del humor. Algunos tienen más gracia para bromear y contar historias que otros, pero todos podemos al menos entender por qué es importante el humor, lo que hace para el alma del temeroso y el herido, y por qué es tan esencial para lo que el hombre fue hecho para hacer. El humor nos permite aliviar el corazón, alentar a nuestros hijos cuando fallan, aliviar el estrés de nuestras esposas, motivar a los jóvenes y unir a los amigos. El humor también nos permite drenar el terror de nuestras almas antes de salir a la batalla.

También puede ser una herramienta para aprovechar el momento para un bien mayor. Nadie era más competente en esto que Winston Churchill, y sería apropiado finalizar este capítulo con un poco más de sus realizaciones brillantes.

En los días más oscuros de la Segunda Guerra Mundial, Churchill vivió con los Roosevelt en la Casa Blanca durante los muchos días que era necesario determinar estrategias y negociar asuntos como la asistencia de EE. UU. a Inglaterra. Muchos estadounidenses en el Congreso y en la prensa acusaron a Churchill de ser engañoso pidiendo mucha más ayuda de lo que Inglaterra necesitaba. Estas sospechas figuraban en los titulares de los periódicos. Había mucha tensión aun cuando Roosevelt y Churchill se reunían.

Un día Churchill salió de su baño, él se bañaba todos los días, a veces varias veces en el día, justo cuando un asistente rodaba a Roosevelt en su silla de ruedas a la habitación de Churchill. Al ver al primer ministro de Inglaterra envuelto en una toalla, el avergonzado Roosevelt le ordenó a su asistente que lo rodara afuera para que Churchill pudiera tener su privacidad. Astutamente, Churchill aprovechó el momento para una causa mayor. Con una mano haciendo la señal de alto, se quitó la toalla y solemnemente proclamó: «El primer ministro de Gran Bretaña no tiene nada que esconder del presidente de Estados Unidos». Churchill hizo el punto muy claro y debido a esto la historia cambió.

Por último, había varias mujeres que irritaban a Churchill. Desafortunadamente, se encontraba con ellas en las cenas. Una era

Lady Astor, una continua espina en su costado. Una tarde, mientras conversaban, Lady Astor estaba tan molesta con Churchill que dijo: «Winston, si yo fuera tu esposa envenenaría tu sopa». Él respondió sin vacilar: «Nancy, si yo fuera tu esposo me la tomaría». En otra oportunidad, la segunda mujer que plagaba a Churchill le informó que no le gustaba su política ni su nuevo bigote que lucía. Él replicó: «Señora, no veo razón alguna por que usted debería entrar en contacto con ninguno de los dos».

Churchill escribió: «Es mi creencia que uno no puede lidiar con las cosas más serias del mundo a menos que usted pueda entender las más divertidas».[16] Él, así como Chesterton, nos enseña que el humor es más que una forma de juego. Nace a partir de la visión que tenemos del mundo. Es una herramienta de liderazgo varonil. Es una gracia dada por Dios mientras vivimos en un mundo de problemas. ¡Gracias a Dios por Chesterton y Churchill!

¿QUÉ HARÁ USTED? ¿QUÉ HARÁ PARA PORTARSE COMO UN HOMBRE?

1. Considere por un momento su propio sentido del humor. ¿Ha puesto este valioso don al servicio de la ira, la amargura y el odio? ¿Utiliza el humor solo para zaherir y controlar? Si es así, límpiese de esto. Arrepiéntase delante de Dios, pida perdón a los que ha herido y empiece a usar su don del humor para fines más nobles.
2. Practique el buen humor. Sí. Esto es exactamente lo que quiero decir. Hasta el hombre más aburrido puede aprender algunos chistes y contarlos para exprimir alguna risa cuando sea necesario. Si usted ha contado chistes verdes e historias toda su vida, aprenda chistes nuevos. Consiga un libro. Visite un sitio de chistes limpios en Internet. Mire algún comediante que cuente chistes sanos. Por otro lado, si es difícil para usted contar un chiste en el momento oportuno, consiga ayuda. Busque a alguien que pueda ayudarle en este sentido. Esto es lo importante del asunto: si el humor es una herramienta poderosa como expliqué en este capítulo, entonces vale la pena practicarlo para hacerlo bien, aunque al principio no le salga bien. Algo que vale la pena hacer vale la pena hacerlo mal hasta que le salga bien.
3. Empiece a usar el humor en los momentos que le ayudará. Cuando la conversación durante la cena se torna agria. Su hija está desalentada. Su hijo no llegó a ingresar al equipo o conseguir la chica. El personal necesita alivianar el sufrimiento, pero habiendo ofrecido el consuelo usual, aliviane el estado

de ánimo. El hombre que conozco que hace esto en la mejor forma es el peor contador de chistes en el mundo. Sus hijos se quejan cuando empieza. Él sabe lo malo que es contándolos. A decir verdad, su chiste es que está tratando de contar un chiste. No obstante, he notado que cuando él empieza y sus hijos se quejan para que pare, ya se están riendo. Ya obtuvo la victoria. Él ama a sus hijos con el lenguaje del humor. Él está sanando sus heridas y les dice que la vida está llena de desilusiones, pero que sigue siendo dulce y buena. Misión cumplida.

4. Por último, aprendí una lección de Joel Osteen, sea que él es la clase de ministro que le guste o no. Joel no puede contar un chiste para salvar su vida. Obviamente, que otros le consiguen el libreto de chistes. Pero aún así, al inicio de cada sermón él dice: «Siempre me gusta empezar con algo gracioso» y entonces cuenta el chiste. Es un chiste que preanuncia y a menudo lo cuenta mal, pero da resultado. ¿Por qué? Porque darle prioridad al humor, aunque uno no tenga toda la habilidad para hacerlo, ya es una victoria en sí. La gente ama a Joel por intentarlo, aunque quizás nunca repetirían algunos de sus horribles chistes. Joel no está buscando ser un comediante. Él está tratando de llamar la atención de la gente y hacer una conexión con ellos. Y funciona. Pero, cuando el chiste del pastor no se contó en una reunión, la gente le escribe a Joel para decirle que extrañaron el chiste, cómo hizo que la semana de ellos fuera algo diferente a lo usual. Recuerde, estamos hablando de un chiste, preanunciado y a menudo mal contado. Ese es el poder del humor.

«EL HUMOR ES EL PRELUDIO A LA FE, Y LA RISA ES EL COMIENZO DE LA ORACIÓN».

—Reinhold Niebuhr, cita tomada de Discerning the Signs of the Times: Sermons for Today and Tomorrow *(1949)*

LA RESTAURACIÓN

Mi padre raramente hablaba de lo que sentía o creía. Él era oficial del ejército, lo cual lo hacía exigente sobre el cumplimiento, pero casi enteramente desinteresado del porqué alguien cumplía. Su mensaje, aun a sus hijos, era «cree lo que quieras, pero cumple en la manera que te digo».

De hecho, cierta vez me dijo, probablemente para acomodar a mi madre que era una cristiana devota: «Yo te diré lo que puedes creer. Puedes creer que si el jardín no está cortado a las tres de la tarde, descenderá el día del juicio. ¡Oirás sonar la trompeta final!».

Así era Papá.

Por eso me sorprendí cuando me dejó ver un poco de su alma entre partidos de fútbol americano un sábado por la tarde en 1977. Estaba en casa para las vacaciones de Navidad «pasando tiempo» con Papá, que significaba mirar fútbol americano de la media mañana hasta la medianoche.

Al finalizar el segundo partido del día, y nos estábamos reabasteciendo para el tercero, Papá se frotó las manos ansiosamente, dijo algo sobre lo mal que cierto mariscal de campo había jugado, y luego le dijo a la televisión en nuestra cocina: «Pero, quizás hoy será diferente. Me encanta ver a un hombre superarse».

Esto podría parecer insignificante, pero esta fue una de las cuatro oportunidades que Papá me permitió mirar adentro de su alma. Como las otras veces, esta llegó casi accidentalmente. Papá ni siquiera me estaba hablando cuando lo dijo. Él estaba hablando con su «mejor amigo», el locutor deportivo de CBS.

Nunca me olvidé de eso y, de una manera que no puedo explicarlo enteramente, las palabras de Papá me dejaron fascinado con las personas que fallan pero que después se esfuerzan para superarse. Las he estudiado en la historia. Las he seguido en los titulares. Con el tiempo gané cierta reputación por aconsejar a los hombres que habían conocido la ruina pero que estaban determinados a levantarse nuevamente. Algunos de ellos reconstruyeron, otros no. A medida que cada historia se desarrollaba, yo pensaba en mi padre y sus palabras: «Me encanta ver a un hombre superarse».

En medio de todo esto, empecé a entender que una simple disposición a seguir luchando después de la desgracia es una de las características más genuinas de la hombría. Por cierto, las mujeres también enfrentan estas crisis, pero francamente pareciera que fueran más valientes y capaces en tales momentos. Los hombres parecen más propensos a dudar de sí mismos, más propensos a meterse una bala en la cabeza o vivir el resto de sus vidas junto a una botella. Esto es lo que demuestran las estadísticas. Perderlo todo y volver a recuperarlo otra vez mientras que los amigos mantienen una distancia sospechosa y las palabras de los críticos laceran el alma, esto me parece que es lo más difícil que un hombre puede enfrentar, y no es de sorprenderse que tantos hombres nunca vuelven a recuperarse.

Rudyard Kipling lo dijo bien en su poema «Si...», en el que casi define perfectamente las virtudes de la hombría para todos los tiempos. Las estrofas de un hombre que lo pierde todo y vuelve a reconstruir siempre me hacer recordar esa sola frase que dijo mi padre.

Si puedes soportar escuchar la verdad que has hablado
que fue torcida por bribones como emboscada para
insensatos,
o mirar aquellas cosas por las que has dedicado tu vida,
ser rotas,
y rebajarte para construirlas con herramientas
desgastadas:
si puedes hacer un pilón de todas tus ganancias
y arriesgarlas en un tiro de moneda, cara o seca,
y perder, y volver a empezar otra vez como la primera vez
y jamás decir una palabra sobre tus pérdidas...
¡Serás un hombre, hijo mío!

Ahora bien, hay muchos ejemplos de hombres que conocieron la desgracia y luego volvieron a ascender. Churchill lo hizo. Lincoln lo hizo. También lo hizo MacArthur, Patton, Booker T. Washington, Alfredo el Grande y Gandhi. Y también el rey Jorge VI de Inglaterra. La lista parece no tener fin, y puede llevarnos a creer que no es posible alcanzar la grandeza sin superar algún fracaso temprano.

Mi versión favorita de este tipo de historia le sorprenderá. Es de la vida del apóstol Marcos. Esta historia me encanta porque es una de las más conocidas de toda la historia humana. Tiene que serlo, ¡está en la Biblia! También me encanta porque aunque está en las páginas de las Escrituras, solo se revela en fragmentos. La mayoría de la gente no se da cuenta de que está allí. Además, la historia de Marcos me atrae porque es valiente, cruda y vergonzosa. No se nos oculta nada, y creo que esta es una señal de que tenemos que asimilarla toda y vivir de manera diferente por haberla leído.

Es importante acordarnos que Marcos está entre los hombres más grandes de la historia cristiana. Él fue uno de los cuatro hombres que tuvo el privilegio de escribir uno de los Evangelios de Jesucristo incluidos en las páginas del Nuevo Testamento. Él anduvo con los gigantes del evangelio como Pedro y Pablo. Los primeros historiadores lo aclamaron como héroe por su gran trabajo en Egipto. Él también fue martirizado, lo cual le da un lugar santo y honrado en la historia cristiana. Deberíamos tener en cuenta estos honores tardíos mientras pensamos en los primeros años de Marcos, un tiempo en que ciertamente no fue un héroe.

Nos encontramos con Marcos en las páginas de la Biblia con estas palabras: «Cierto joven que se cubría con solo una sábana iba siguiendo a Jesús. Lo detuvieron, pero él soltó la sábana y escapó desnudo» (Marcos 14.51-52, NVI). No puedo probarlo con certeza absoluta, y los estudiosos lo debatirán hasta el fin de los tiempos, pero yo creo que este joven era Marcos. Creo que estas palabras son la manera que Marcos se acuerda, muchas décadas después, de aquel extraño incidente que sucedió. Él se recuerda del momento más aterrorizante y humillante de su vida. Él quiere que lo veamos tal como aconteció.

Podemos conocer algunas cosas acerca de Marcos que nos ayudarán a entender este momento de su vida. Él nació en una familia afluente que tenía una casa grande en Jerusalén. Jesús y sus discípulos a menudo se reunían allí. De hecho, es probable que la última cena de la Pascua que Jesús comió con sus discípulos la hayan comido en el aposento alto de esta casa. A medida que la iglesia fue ganando terreno, los creyentes regularmente se reunían allí, y esta es la razón que, cuando Pedro fue soltado de la prisión del rey Herodes alrededor de 44 A. D., fue directamente a la casa de Marcos. Él sabía que allí encontraría a otros creyentes (ver Hechos 12.12).

Esto también podría explicar por qué nos encontramos con Marcos cubierto solo con una sábana huyendo de los soldados. Debido a que Jesús y sus discípulos probablemente comieron la última cena en la casa de Marcos, los soldados bien podrían haber sido enviados allí para arrestar a Jesús después que Judas lo traicionó. Tal vez Marcos se despertó esa noche con el golpeteo de los hombres golpeando la puerta de la casa. Algunos estudiosos creen que él saltó, se envolvió con las sábanas y salió corriendo al lugar donde sabía que Jesús iba a estar: la arboleda que rodeaba la almazara al pie del monte de los Olivos. Getsemaní.

Cuando Marcos llegó, los soldados ya habían prendido a Jesús. Marcos observó por un momento y luego se dio cuenta de que estaba en peligro. Los soldados lo reconocieron y estaban tratando de prenderlo. Naturalmente, Marcos huyó. Un soldado casi lo agarró, pero se quedó con solo las sábanas. Marcos se escapó en la noche completamente desnudo. Por cierto, nunca se olvidó de ese momento. Él vio a Jesús siendo arrestado. Él abandonó al rabí. Apenas escapó su captura por los soldados y tuvo que irse a su casa desnudo. Para los romanos esto era un chiste, para los judíos un escándalo, y para Marcos una humillación duradera. Esa noche fue un cobarde como también todos aquellos que seguían a Jesús.

Esta es la razón por que años después Marcos es el único autor del evangelio que menciona este sucedido inusual. Además, habrá sido algo memorable para él porque no fue la única vez que salió huyendo.

Anteriormente dije que cuando Pedro fue soltado de la prisión se fue a la casa de la madre de Marcos, a «la casa de María, la madre de Juan, también llamado Marcos» como lo describe Lucas en Hechos 12. El punto es que la casa pertenecía a la madre de Marcos. Aparentemente, no había un hombre, un esposo o padre. Está ausente. Los estudiosos piensan que para ese tiempo el padre de Marcos estaba muerto o se había ofendido con la fe de su esposa y la dejó. De cualquier manera, el joven Marcos estaba sin su padre. Esto es importante a la luz de lo que estaba por acontecer.

Por otro lado, es importante saber que Bernabé, en el Nuevo Testamento, es mencionado como el primo de Marcos. Originalmente, el nombre de Bernabé era José, pero los discípulos lo amaban tanto que le pusieron un sobrenombre en la manera amorosa e íntima que hacen los hombres. Dejaron de llamarlo José y en su lugar le dieron un nombre que significa «hijo de consolación». Este es el tipo de hombre que era Bernabé. Lucas se esmeró en decir que Bernabé era «un hombre bueno, lleno del Espíritu Santo y de fe» (Hechos 11:24, NVI).

Este buen hombre tal vez había intentado ser un padre sustituto para Marcos. Mientras que Bernabé hacía cosas importantes en los primeros días de la iglesia, dando grandes sumas de dinero, presentando al nuevo convertido Pablo a los líderes cristianos en Jerusalén, y sirviendo a la iglesia como emisario de confianza, a menudo Marcos estaba al lado de su primo. Era un privilegio y también una oportunidad para madurar.

Finalmente, le llegó a Marcos una oportunidad aun más grande. Los líderes de Antioquía habían encomendado a Pablo y a Bernabé comenzar obras para el evangelio en el mundo pagano. Estos dos hombres decidieron llevarse a Marcos con ellos. ¡Qué gran oportunidad! A Marcos se le concedió la posición honrada de asistir a los emisarios de Cristo más importantes en el mundo de esa época. Fue un privilegio de toda la vida.

Pero observe: Pablo y Bernabé salieron de inmediato para cumplir su misión y leemos acerca de su partida en Hechos 13.4. Navegaron a la isla de Chipre y allí proclamaron el evangelio por un breve tiempo, tal vez algunas semanas. Al principio todo fue bien, pero luego en Hechos 13.13 leemos esto: «Pablo y sus compañeros se hicieron a la mar desde Pafos, y llegaron a Perge de Panfilia. Juan [Marcos] se separó de ellos y regresó a Jerusalén» (NVI).

¿Qué? ¿Por qué? ¿Qué pasó? ¡Marcos ni siquiera llegó al *octavo versículo*!

Desafortunadamente, no sabemos por qué. Quizás a Marcos no le gustó cargar con las maletas o ir a buscar el café a Starbucks. Tal vez extrañaba a su mamita o Pablo era muy exigente. Marcos podría haber anhelado su aire acondicionado o su televisión de pantalla gigante o chatear con sus amigos por Facebook. ¿Quién sabe? Cualquiera sea el motivo, Marcos abandonó a Pablo y a Bernabé, y todos lo sabían.

Siga observando: Pablo y Bernabé finalizaron su viaje y regresaron a Antioquía. No pasó mucho tiempo desde que hubo una discusión acerca de los gentiles que se convertían en cristianos. La gran pregunta era si primero debían hacerse judíos. ¿Debían circuncidarse y vivir bajo los requerimientos de la ley antes de que pudieran seguir a Jesús? Todos los líderes de la iglesia se reunieron en Jerusalén para resolver estas cuestiones. En esta reunión, Pablo y Bernabé testificaron acerca de su ministerio a los gentiles para ayudar a los apóstoles decidir sobre este tema. Todo terminó bien.

Aquí fue donde Bernabé cometió su gran error cuando le sugirió que deberían regresar a las iglesias que plantaron en su viaje previo. Pablo acordó deseoso. Entonces Bernabé sugirió que volvieran a llevar a Marcos con ellos.

Pablo era un gran hombre, pero también podía ser impaciente y crudo. Él no era de ningún modo un «hijo de consolación». Entonces cuando Bernabé hizo esta sugerencia, Pablo estalló. Lucas, el autor del libro de los Hechos, nos dice que Pablo y Bernabé tuvieron un «conflicto serio». Lo cual quiere decir que estos dos hombres tuvieron una pelea. Discutieron, se alzó la voz, duró por algún tiempo, y se dijeron las cosas.

Recuerde que Marcos es el primo de Bernabé y que a Pablo no le importa. El inmaduro los había traicionado al comienzo de su último viaje, y Pablo no tenía ninguna intención de confiar en él otra vez. Marcos era un inmaduro niño de mamá y un mariquita. No había lugar para debiluchos para la importante obra a la que Pablo y Bernabé fueron llamados. En fin, esa fue la razón que Pablo discutió.

¿Qué pasó? Pablo y Bernabé se enojaron y se separaron. Bernabé se llevó a Marcos y regresó a su casa en Creta. Pablo escogió a un hombre llamado Silas para que trabaje con él, y los dos se fueron en direcciones diferentes. Lucas nos dice que «los hermanos encomendaron» a Pablo (Hechos 15.40, NVI). Esto significa que los líderes de la iglesia respaldaron a Pablo.

La tragedia es que Pablo y Bernabé jamás volvieron a trabajar juntos. El Espíritu Santo le había hablado específicamente a la iglesia en Antioquía que apartaran a estos dos hombres como un equipo. Hicieron un viaje juntos y luego se separaron para siempre. Y fue a causa de Marcos. Es difícil mirar esta devastación. Bernabé nunca más es mencionado en el Nuevo Testamento excepto como un recuerdo. La iglesia naciente es distraída y dividida sobre este asunto. Los propósitos específicos del Espíritu Santo jamás se cumplieron, o al menos no se cumplieron por el trabajo de Pablo y Bernabé juntos como equipo. Esta fue una crisis a gran escala para los primeros cristianos y, otra vez, todo fue porque Marcos era muy mimado e inmaduro para cumplir con su deber. Además, todas las iglesias del Imperio romano también sabían sobre este fracaso. Una vez más, decía la gente, Marcos huyó.

Difícilmente podría haber un fracaso más grande que este. Este asunto aparentemente pequeño de un hombre centrado en sí mismo y sin disciplina amenazó con dividir la iglesia primitiva, obstaculizar al Espíritu Santo y limitar la expansión evangelística del pueblo de Dios. El pueblo agradeció a Dios de que Pablo había sabido qué hacer cuando Bernabé no podía ver más allá del favoritismo familiar.

Así es como todo hubiera terminado: el nombre de Marcos hubiera sido sinónimo de *niño mimado* y *hombre sin espíritu.*

Pero no terminó en este estado trágico, y para saber por qué tenemos que ir con el pensamiento a la isla de Creta. No sabemos precisamente qué sucedió allí, pero podemos encajar algunas piezas. Por cierto, podemos estar seguros de que Marcos se arrepintió de su insensatez. Bernabé, el constante motivador, habrá mentoreado a su joven primo. Él entrenó a Marcos y le ayudó a convertirse en el hombre que fue destinado a ser. Algo significativo comenzó a suceder en la vida de Marcos: se hizo útil y digno de confianza. Su carácter cambió, profundizó su entendimiento, y se hizo más como Jesús y menos parecido a los paganos del mundo que buscan placer.

Podemos apreciar cuánto Marcos cambió cuando después de quince años de la primera crisis, la iglesia en Colosas encontró estas palabras en una de las cartas de Pablo: «Aristarco, mi compañero de cárcel, les manda saludos, como también Marcos, el primo de Bernabé. En cuanto a Marcos, ustedes ya han recibido instrucciones; si va a visitarlos, recíbanlo bien» (Colosenses 4.10, NVI).

¿Cómo? ¿Marcos está regresando? ¿Qué pasó? No sabemos con certeza. No obstante, lo que sí sabemos es que Pablo estaba escribiendo desde una prisión en la ciudad de Roma, y Marcos estaba con él. Marcos había regresado de Creta y, obviamente, se había reconciliado con Pablo. Justo después de esta mención acerca de Marcos, Pablo escribe: «Ustedes ya han recibido instrucciones; si va a visitarlos, recíbanlo bien» (v. 10). Claramente, Pablo quería que los creyentes que estuvieran ofendidos con Marcos abrieran su corazón nuevamente a él. Escuchar estas noticias debe haber sido de gran aliento en todas las iglesias. La temporada de amargura pasó.

Se pone aún mejor. Un tiempo después de su regreso y después que las iglesias volvieron a recibirlo, Marcos debió haber servido junto a Pedro, porque en 1 Pedro 5.13, Pedro se refiere a Marcos como su «hijo». Los estudiosos creen que el evangelio de Marcos presenta evidencia de la influencia de Pedro, lo que significa que los dos hombres podrían haber servido juntos al Señor por muchos años, con Marcos asimilando las memorias de Pedro de lo que fue caminar al lado de Jesús.

Todo esto es un testimonio alentador, pero luego llega la tierna conclusión. Años después, Pablo está otra vez en una prisión de Roma, aunque no en «la casa que tenía alquilada» como lo estuvo en su primer encarcelamiento (ver Hechos 28.30, NVI). En cambio, está en un agujero en el suelo asqueroso y húmedo donde los romanos ponían a los peores prisioneros. Desde ese lugar horrible, Pablo escribe su última carta, la segunda que escribe a Timoteo. Podemos notar el tono final en sus palabras, y sentimos que está preparando a las iglesias para su muerte. Fue sabio en hacer esto, porque no pasaron muchos meses después de escribirla que fue ejecutado.

Así que en el último capítulo de la última carta que Pablo escribió, leemos estas palabras: «Recoge a Marcos y tráelo contigo, porque me es de ayuda en mi ministerio» (2 Timoteo 4.11, NVI).

¡Cuánto significado tienen estas palabras! ¡Qué manera de revelar el cambio tanto en los hombres y el triunfo del perdón y la gracia! ¡Y cuánto habrán significado estas palabras al alma aún lastimada de Marcos!

La historia ha progresado un gran recorrido desde los días en que Pablo y Bernabé pelearon enojados sobre si debían perdonar a Marcos y llevarlo en su segundo viaje. Después de todos esos años ahora Pablo halla que Marcos le es útil. Pablo se ablandó, pero Marcos ya no es el hombre niño inestable que se quejaba y abandonó a los apóstoles a quienes estaba asignado para servir, ¡solo había llegado al *octavo versículo*!

Pero esto tampoco es el fin. Como verá, Marcos había fallado y lo había hecho horriblemente, pero luego hizo lo que hacen los verdaderos hombres: se abocó a hacer los cambios necesarios demandados por sus fracasos. Se sometió al mentoreo de Bernabé, luego se arriesgó presentándose ante Pablo. Luego se reconciliaron. Y finalmente, sirvió fielmente al lado de Pedro. A diferencia de ese primer viaje humillante, Marcos se convirtió en un hombre enseñable, un hombre que haría lo que fuese necesario para superar la vergüenza y reparar el daño que ocasionó.

En las páginas de los historiadores de la iglesia primitiva podemos leer que Marcos eventualmente se convirtió en el obispo de Alejandría. Se nos dice que lideró muy bien a su pueblo. También sabemos que hubo una ola feroz de persecución que vino sobre las iglesias de Alejandría, y finalmente Marcos fue matado. Hay una tradición que nos dice que la gente honra a este gran hombre diciendo: «Esta vez él no huyó».

No puedo pensar en otro relato más conmovedor que el fracaso y la restauración de la vida de Marcos. El hecho de que la podemos leer de las páginas de la Biblia y que desafía algunas de nuestras presuposiciones sobre los ideales de la iglesia del primer siglo hace que me guste aun más.

Por supuesto, la historia de Marcos se aplica tanto a hombres como mujeres, pero lo que más me conmueve es que se asemeja a una ventana al interior de lo que significa ser un hombre. La vida en este mundo caído es riesgosa y peligrosa. Habrá pérdidas. Los fracasos sucederán. Nuestro viaje no será un ascenso constante, alegre y hacia arriba.

Debido a lo que significa un hombre a su familia, la sociedad y a su Dios, no puede permitir que el fracaso y la pérdida lo destruyan. Él debe vivir sabiendo que tales temporadas son posibles y debe estar bien fundamentado en la verdad que le ayudará a reconstruir.

Primero, debe saber que tiene un destino; que puede volver a levantarse cualquiera sea el nivel de destrucción que haya vivido porque sabe que su vida se define por algo más poderoso que su propio pecado o su insensatez; está empoderada por el propósito determinado para él por su Dios.

En segundo lugar, el hombre debe reconocer su insensatez. Sea que lo llamemos arrepentimiento o «reconocer nuestras debilidades». Sea que lo llamemos quebrantamiento o humillación. Sin importar cómo lo llamemos, cuando nos damos cuenta de que no somos lo que deberíamos ser, y que esconder este hecho solo ahonda la devastación, es uno de los principios más grandes para la transformación de una vida dañada.

En tercer lugar, debe someterse a hombres más capaces. Aun durante los mejores tiempos, no tenemos todos los recursos que necesitamos y mucho menos cuando pasamos por temporadas de fracaso y vergüenza. Necesitamos mentores, *coaches*, entrenadores y padres. Necesitamos hombres que no nos teman y que sean lo suficientemente diligentes para decirnos las verdades que necesitamos escuchar. Sin ellos no podemos reconstruir.

Finalmente, tenemos que dar la cara a aquellos que hemos dañado. No debemos huir. Muchos de los hombres que aconsejé durante el tiempo que sus fracasos tenían el potencial de definir sus vidas tuvieron que pelear todos los días contra la tentación de huir de la ruina. Para poder recuperar el territorio perdido es esencial que permanezca en su territorio para reclamarlo, a pesar de las montañas de escombros que ha creado, sometiéndose tanto al proceso de Dios como al del hombre, los cuales son diseñados para ayudarle a reclamar y reconstruir.

Marcos es uno de mis héroes. Él fue un verdadero hombre. Por cierto, fue uno de los grandes santos de la iglesia, pero anterior a eso era un cabeza hueca que hizo gran daño cuando la fe cristiana en sus inicios se estaba extendiendo por el mundo. Él respondió con humildad y valor y terminó cambiando el mundo.

Ahora *eso* es lo que hace un hombre.

¿QUÉ HARÁ USTED?
¿QUÉ HARÁ PARA PORTARSE COMO UN HOMBRE?

1. Piense detenidamente acerca de su vida y haga una lista de sus fracasos significativos. ¿Puede ver patrones en esos fracasos? ¿Hay defectos de carácter en común entre ellos? ¿Qué le dicen acerca de usted y sus debilidades?
2. ¿Hay alguien con quien usted deba reconciliarse por sus fallas de carácter? ¿Hay algo que usted deba confesar? ¿Hay algo que usted haya tomado que deba restaurar?
3. Si usted piensa que no ha vencido completamente sus fallas, busque hombres sabios y mayores para que le ayuden a construir el carácter de un hombre genuino.
4. Con la ayuda de sus mentores, defina cómo se vería para usted reconstruir o superar su fracaso. ¿Cómo puede usted vivir diariamente una historia positiva en el mismo lugar donde una vez fracasó? Convierta esto en una oración y permanezca abierto a las oportunidades para la victoria en el mismo lugar de su derrota.
5. Por último, considere cómo responderá diferentemente si tuviera que pasar por otra temporada que le sobreviniera el fracaso o la devastación. En otras palabras, ¿qué hace un verdadero hombre, un hombre genuino, para enfrentar la pérdida y la devastación?

«ES MUCHO MEJOR ATREVERSE A COSAS GRANDES, OBTENER TRIUNFOS GLORIOSOS, AUN MARCADOS POR EL FRACASO, QUE ALIARSE CON ESOS POBRES ESPÍRITUS QUE NI MUCHO DISFRUTAN NI MUCHO SUFREN PORQUE HABITAN EN LA PENUMBRA DONDE NI LA VICTORIA NI LA DERROTA SE CONOCEN».

—Theodore Roosevelt, en su discurso «The Strenuous Life, A Speech Before the Hamilton Club», Chicago, 10 de abril, 1899

OPORTUNIDAD

Esto yo lo vi, o en un sueño lo soñé:
una nube de polvo se desparramó por una llanura:
y bajo esta nube, o dentro de ella bramaba
una batalla furiosa, y los hombres gritaban, y espadas
arremetían contra espadas y escudos. Una bandera principesca
vaciló, luego tambaleó hacia atrás, rodeada por enemigos.
Un pusilánime, rezagado en los bordes del combate, pensó:
«Tuviera yo una espada de acero más afilada...
Esa hoja azulada que porta el hijo del rey ¡y no esta cosa despuntada!»
que en dos partió y tiró lejos de su mano,
y agachado se deslizó del campo de batalla.
Vino el hijo del rey entonces, herido, de dolor rodeado.
Y de arma desprovisto y vio la espada rota.
Enterrada hasta la empuñadura en la arena seca y pisoteada
y corrió y la aferró, y con grito de batalla
la alzó de nuevo y tumbó a sus enemigos.
Y salvó una gran causa ese tan heroico día.

—EDWARD ROWLAND SILL

EL AUTOAPRENDIZAJE

SI PIDIÉRAMOS A LOS HOMBRES DE HOY QUE HICIERAN UNA lista de los deberes o disciplinas que comprenden la verdadera hombría, la mayoría no incluiría el aprendizaje o la adquisición de conocimiento. Esto señala un trágico fracaso para entender las características que hacen a un gran hombre. La verdad es que la mayoría de los hombres en la historia que se hicieron grandes fue porque buscaron activamente el conocimiento. Superaron los vacíos en su educación temprana. Estudiaron para entender el mundo a un nivel más allá de sus años. Tomaron responsabilidad por su educación y no esperaron que el conocimiento que necesitaban viniera a ellos.

No hay espacio aquí para hacer una lista de todos los grandes hombres que se distinguieron a través del autoaprendizaje. Unos pocos ejemplos serán suficientes. Winston Churchill siendo un oficial joven en la India leía muchísimo, al punto que un biógrafo más tarde escribió que «él se convirtió en su propia universidad».[17] Lincoln también era apasionado por el aprendizaje. Él leía todos los libros que podía comprar o pedir prestado en el territorio de Illinois, contrató tutores, seguía a los docentes de pueblo en pueblo y trabajaba hasta tarde en la noche para dominar una filosofía, entender una fórmula matemática, o memorizar un poema. Benjamín Franklin se enseñó a sí mismo cinco idiomas y formó un club de jóvenes trabajadores en Filadelfia que se reunían regularmente para aprender unos de otros con la esperanza de escalar en la sociedad. Thomas Jefferson se enseñó a sí mismo siete idiomas, incluso el árabe. Estos y cientos de otros hombres prominentes primero se distinguieron por medio de programas de autoaprendizaje ambiciosos.

Hoy, esta devoción al aprendizaje es más importante que nunca. Vivimos en un tiempo cuando el conocimiento en el mundo se duplica cerca de cada cinco años. Hay una revolución tecnológica aproximadamente de dieciocho a veinticuatro meses. Esto está tan establecido que los expertos lo llaman la Ley de Moore, y más que unos pocos creen que en la realidad esta revolución sucede de doce a dieciocho meses. Para poner en perspectiva la cantidad de conocimiento de nuestro mundo, el hombre promedio que vivió a fines de la Edad Media solo necesitaba poseer tanto conocimiento como el que se incluye en la edición del domingo del *New York Times*. Piense cuántas veces de esta cantidad necesitamos conocer hoy.

Además, está el asunto de cómo el conocimiento se hace obsoleto. Me acuerdo claramente cómo mi compañero llenaba el cuarto de la universidad con papel de computadora mientras intentaba convertirse en un experto en Fortran y Cobalt, los lenguajes de computación que sus profesores le aseguraron que necesitaría conocer. Me acuerdo que él estudiaba como un esclavo tarde en la noche con otros estudiantes empresariales. Todos estaban aterrorizados de que no tendrían éxito si no sabían cómo usar hábilmente estos sistemas.

Nos graduamos juntos en 1981. Ese fue el año de la primera computadora personal. Meses después de obtener su grado, el conocimiento que mi compañero de cuarto obtuvo con mucho esfuerzo se hizo obsoleto. Desde entonces y a través de los años, tuvo que continuar aprendiendo nuevas modalidades de programación una y otra vez para convertirse en el empresario exitoso que hoy es en Los Ángeles. No regresó a la escuela para aprenderlos. Él se enseñó a sí mismo, repetidamente, usando habilidades que no todos sus pares poseían.

La dedicación para el autoaprendizaje es incuestionablemente una de las características de un hombre excepcional. Los hombres pasivos esperan que el conocimiento llegue a ellos. Los hombres débiles asumen que el conocimiento que necesitan saber los encontrará. Los hombres de gran carácter y fuerza interna buscan el conocimiento que necesitan y se responsabilizan por saber lo que necesitan saber para vivir de manera eficaz en su generación y prosperar. Sé que esto suena anticuado. Sé que esto parece ser una lección para el niño descalzo nacido en una cabaña con piso de tierra en los años 1800. No obstante, le aseguro que es una lección para los hombres de hoy. De hecho, podría resultar ser una de las lecciones más importantes para los hombres de hoy.

Nadie ejemplifica esto en la historia reciente como Harry Truman, el único presidente del siglo veinte que no tenía un título universitario. Se desempeñó como juez de condado, senador de EE. UU., vicepresidente de Franklin Roosevelt y, finalmente, como presidente de EE. UU. por muchos años; a pesar de las críticas que le hayan hecho, nadie pensó que era ignorante para cumplir esas funciones. No obstante, la mayoría de las cosas que sabía las aprendió con su propio proyecto de autoaprendizaje permanente.

En su juventud, Truman casi cabía perfectamente en el estereotipo del niño enfermizo con anteojos y menudito. Cuando tenía ocho años fue diagnosticado con una grave enfermedad en los ojos. A los nueve, contrajo difteria, que lo dejó paralizado por varios meses. Pasó el tiempo leyendo por medio de anteojos gruesos y nublados que sus amigos dijeron que lo hacían parecer a un búho irritado.

Se devoró el libro de Charles Francis *Great Men and Famous Women* [Grandes hombres y mujeres famosas], *Vidas paralelas* por

Plutarco, y *Comentarios sobre la guerra de las Galias* por Julio César. Esta lectura estaba más allá de su edad, pero lo embarcó en un viaje al mundo de los libros. «Siempre tenía la nariz metida en un libro, mayormente en los libros de historia. En la biblioteca del centro había cerca de tres mil libros y creo que los leí todos, incluyendo las enciclopedias. Me da vergüenza decir que también me acuerdo lo que leo».[18]

Esto fue mucho más que una faceta con los libros en la vida de un niño solitario. El conocimiento que los libros le otorgaron se convirtió en un mandato para que razonara y pensara por sí mismo. Hizo que Truman fuera un pensador independiente, como niño y finalmente como hombre, que tuvo ideas y perspectivas a menudo ausentes del currículo de la escuela y el consenso intelectual de sus días. En su típico estilo malhumorado Truman explicó su marginación de la sociedad general: «Lo que aprendí leyendo libros es que la información contenida en la mayoría de los libros de escuela no vale un comino. Si uno quiere aprender por qué Francia estaba en contra de Inglaterra durante la Revolución y el porqué y para qué Jefferson pudo comprar Luisiana, uno tiene que buscarlo por cuenta propia. No importa qué tan buenos fueran los maestros, ellos nunca enseñaban cosas como esas».[19]

Su lectura lo llevó a sospechar los prejuicios de los escritores, particularmente entre los historiadores: «Los historiadores que editorializan están en la misma categoría que los modernos columnistas irresponsables. Así que estudie a los hombres, no a los historiadores».[20] Y esto lo llevó a leer los escritos de los hombres que hicieron historia. Ávidamente consumió libros como la *Autobiografía de Benjamín Franklin*; *Notes on Virginia* [Notas sobre el estado de Virginia] por Jefferson; *Memorias* por Ulysses S. Grant; *Meditaciones* por Marco Aurelio; las obras de Cícero y los escritos de Cato, William Sherman, Montesquieu y George Washington. Las memorias y las autobiografías formaban parte de su dieta intelectual y en años posteriores a menudo sabía más acerca de los grandes hombres de la historia que los estudiosos que solo habían leído escritos acerca de estos hombres, pero no los escritos propios de ellos.

Esta devoción a la lectura y a la búsqueda del conocimiento por cuenta propia distinguió a Truman de todos los hombres de su tiempo. En un tiempo cuando las tendencias a la secularización significaban que la religión no era destacada en las escuelas, ni siquiera como una fuerza en la historia, Truman conocía el papel que la religión había cumplido en el mundo y se encontró a sí mismo instruyendo a hombres con una preparación institucional superior. Una vez, en una reunión con varios embajadores destacados, dibujó en una servilleta un cuadro con las diferencias entre las mayores religiones del mundo, impresionando y enseñando a hombres con grados universitarios de Harvard y Yale. Para él era muy fácil explicar la significancia de los principios constitucionales cenando o describir en un juego de naipes cómo la geografía contribuyó a las crisis de su administración.

Para Truman, el conocimiento no era algo aparte de la vida. Estaba entrelazada con la vida, es un intérprete de la vida, quizás hasta el poder terrenal detrás de la vida. Él no dependía de que la sociedad proveyera este conocimiento. Él bramaba por ello, lo cavaba por sí mismo, y no descansaba hasta entender lo que necesitaba entender para poder vivir y liderar.

A menudo los historiadores abordan la autoeducación particular de Truman como un aspecto menor de un presidente menor. No obstante, durante su presidencia, Truman se vio obligado a contender con el fin de la Segunda Guerra Mundial; la Guerra de Corea; el alba de la era atómica; la crisis del General Douglas MacArthur y el gobierno civil de los militares; la fundación de las Naciones Unidas; el nacimiento de la nación de Israel; la propagación del comunismo; una serie de huelgas del acero, el carbón, y los ferrocarriles que casi paralizan la nación; el surgimiento del Macartismo; un intento de asesinato; la igualdad racial en las fuerzas armadas, entre cientos de otros asuntos críticos. Él encaraba cada una de estas crisis creyendo que «No hay nada nuevo en el mundo excepto la historia que no conoces».[21] Esta creencia le dejó con una perspectiva valiosa para cada una de estas crisis y le ayudó a elaborar un criterio de principios para el liderazgo que marcó sus años de gobierno.

Todo esto era el fruto de su propia búsqueda apasionada por el conocimiento, no una búsqueda en la sala del aula, sino del hombre curioso consumido con la palabra escrita. Truman había leído, pensado, aplicado y aprendido. Había destilado sabiduría por sus años de lectura y aplicó esta sabiduría directamente como cualquier presidente en la historia de EE. UU.

Cierta vez un editor le preguntó al trigésimo tercer presidente si se iba a dormir leyendo. «No, joven», dijo Truman, «me gusta despertarme leyendo».[22]

Este es un buen momento para acordarse de una de las máximas de Mansfield sobre la hombría: «Los verdaderos hombres cuidan sus campos». Esto significa que cuidamos la vida y la propiedad que nos fueron confiadas. Significa que tomamos responsabilidad por todo lo que «se nos asignó en el campo».

No podemos hacer esto sin conocimiento. No podemos hacerlo si somos ignorantes de nuestros tiempos, ciegos a las tendencias que forman nuestras vidas, e ignorantes del conocimiento básico que nos permite hacer lo que hemos sido llamados a hacer como hombres. Debemos conocer lo suficiente de la ley, la salud, la ciencia, la economía, la política y la tecnología para cumplir con nuestros roles. Además, también debemos conocer lo suficiente acerca de nuestra fe para permanecer firmes en una era secular, resistir herejías y enseñarle a nuestras familias. Tampoco deberías estar sin los beneficios de la literatura y la poesía, de buenas novelas e historias conmovedoras, las cuales todas nos hacen más relevantes y eficaces.

Necesitamos todo esto y nadie lo va a imponer sobre nosotros. Tampoco adquiriremos lo que necesitamos de un programa de estudios o un grupo de estudio, tan valioso como estos pueden ser. La verdad es que los hombres que aspiran ser hombres genuinos y servir bien no tienen otra opción: ellos mismos deben dedicarse a un programa de autoeducación intenso. Tienen que leer libros, permanecer al día con las páginas web y periódicos, consultar con los expertos y colocarse en una posición de saber.

No es tan difícil como parece, particularmente en nuestra era de Internet. Mucho de lo que un hombre necesita saber puede llegar a su iPad mientras está durmiendo, pero en primer lugar tiene que saber valorar suficientemente este poder.

Ignorar este deber puede significar el desastre. ¿Cuántos hombre han perdido su trabajo porque no vieron las enormes tendencias en el horizonte? ¿Cuántos hombres han fallado en permanecer intelectualmente agudos y así cedieron terreno en sus profesiones a otros con una mente más activa? ¿Cuántos han perdido dinero por inversiones mal asesoradas y no han aprovechado las oportunidades para extender sus campos o han perdido promociones porque no se molestaron en aprender sobre nuevas tecnologías o, por ejemplo, qué cambios producirían los medios sociales a sus trabajos?

No quiero ser negativo. Aprender es un gozo. Leer es uno de los grandes placeres de la vida. Un hombre debería invertir en el conocimiento porque es parte de vivir en este mundo plenamente involucrado y glorificando a Dios. Sin embargo, los tiempos en que vivimos lo hacen tan esencial. La cantidad de conocimiento en el mundo va en aumento. La tecnología está cambiando nuestras vidas. Las nuevas tendencias pueden crecer como una inundación y barrer nuestros hogares con devastación. Los hombres comprometidos a cuidar sus campos aprenden, estudian, investigan, descubren información y comprueban sus teorías. Saben cómo salvaguardar sus familias. Sirven bien porque sirven como hombres informados.

¿QUÉ HARÁ USTED? ¿QUÉ HARÁ PARA PORTARSE COMO UN HOMBRE?

1. Reflexione sobre la educación en su propia vida. ¿Qué fue lo positivo? ¿Dónde aprendió más y lo disfrutó? Luego, ¿qué fue negativo en su carrera educacional? ¿Algo lo apartó de la lectura? ¿Falló usted en alguna manera o tiene una herida que lo dejó creyendo que no puede aprender el conocimiento que necesita para esta vida? Confronte estos asuntos en oración, con amigos y líderes y con su cónyuge. Determínese a que no permitirá que ninguna experiencia dolorosa del pasado le impida «cuidar de sus campos».
2. Haga inventario de su vida y determine cuáles son las áreas de conocimiento en las que es débil. Identifique maestros, páginas web, libros, series de videos, todo lo que le ayude para aprender. No sea demasiado orgulloso de usar libros como *American Government for Dummies* [El gobierno de EE. UU. para tontos] o *The Complete Idiot's Guide to Accounting* [La guía completa para idiotas sobre la contabilidad]. Las series de este estilo son maravillosamente útiles y, francamente, me encontré con abogados que tenían escondido en sus maletines una copia del libro *Constitutional Law for Dummies* [La ley constitucional para tontos]. Obtenga el conocimiento que usted necesita. No tenga vergüenza.
3. Esfuércese por cambiar la cultura intelectual en su hogar. Apague la televisión y asegúrese de tener libros en abundancia. Los estudios demuestran que tan solo la presencia de libros en un hogar aumenta la actividad intelectual de los

que allí viven. Ayude a proteger el tiempo de su esposa para que pueda leer a gusto. Programe noches de lectura para su familia, hasta concursos de lectura. Y no se cierre al soborno para que sus hijos lean. ¿No le parece que diez dólares por libro sería una inversión fantástica para el futuro de sus hijos? Siempre sea consciente de su propio ejemplo. Nada inspirará más a que sus hijos lean y aprendan que verlo a usted hacerlo.

4. Sea sistemático. Tenga un plan a largo plazo. Obtenga listas de lectura recomendada para varios campos y asegúrese de incluir algunos de los clásicos en su plan de lectura permanente. Suscríbase a pódcasts en su campo de trabajo y en cualquier campo que necesite mejorarse. Establezca una meta de cierta cantidad de libros por mes o al año, y urja a que sus amigos le hagan rendir cuentas.
5. Recuerde no entrar en pánico. Este es un compromiso para toda la vida. El solo hecho de empezar es en sí una forma de éxito.

«EL ANALFABETO DE MAÑANA NO SERÁ EL HOMBRE QUE NO PUEDE LEER; SINO AQUEL HOMBRE QUE NO HAYA APRENDIDO CÓMO INSTRUIRSE».

—Alvin Toffler, tomado de Future Shock *(1970)*

EL SALVAJISMO

Un domingo a fines de los años 1870, un adolescente con un ojo morado tímidamente concurrió a su clase de escuela dominical en Christ Church en Boston. Mientras entraba al aula, los otros estudiantes de la clase susurraban unos con otros y se preguntaban qué haría su maestro cuando viera el hematoma extendiéndose. Pocos momentos después, cuando llegó, el maestro había visto lo que sucedió y sabía que era mejor no agregar más pena a la humillación del jovencito. En cambio, le preguntó casualmente acerca del ojo morado. El muchacho le explicó que un *bully* mucho más grande que él había estado pinchando a su hermana. A pesar de las reiteradas peticiones, el *bully* rehusó parar. Finalmente, el jovencito sabía que tenía que salir en defensa de su hermana y pronto se encontró a sí mismo en una pelea. Y por consiguiente, el ojo morado.

Los estudiantes miraban con los ojos bien abiertos. En la clase alta de Boston no se toleraban las peleas. Los hijos de la elite no peleaban, especialmente las familias que concurrían a Christ Church, que estaba a una corta distancia de la prestigiosa universidad de Harvard. Sin duda el maestro castigaría al joven y tal vez le prohibiría estar en la clase.

Cuando los estudiantes escucharon que el maestro le dijo al jovencito que había hecho lo correcto se quedaron asombrados. A veces la violencia ha servido para causas justas, y defender el honor de una hermana ciertamente califica como tal. Tras debatir la cuestión, el maestro le dio un dólar al joven y lo elogió delante de la clase por su valentía.

Cuando los miembros de la junta directiva de la iglesia se enteraron, estaban furiosos. ¿Un maestro de Christ Church alentando a uno de sus jovencitos a pelear en las calles como un vagabundo? No. La junta tenía que poner fin a esto. Se puso a voto y se le dijo al maestro que se había pasado de la raya. Fue despedido y la junta le pidió que jamás volviera a regresar.

El maestro se fue y regresó a sus estudios en Harvard. El maestro no tenía nada de que lamentarse. Él le había dado un buen consejo al estudiante. Su nombre era Theodore Roosevelt.

Esta historia es particularmente reveladora dado que Theodore Roosevelt más tarde se convirtió en un símbolo estadounidense de «la vida vigorosa», una de sus frases predilectas. Él creía en el arduo trabajo, llevar el cuerpo al límite, y vivir del lado de la vida agresiva, muscular y enérgica. Él se preocupaba de que los hombres de su generación se estaban haciendo flojos y que el cuerpo robaría la mente y luego la hombría de la nación. Tenía razón de estar preocupado.

Pero ¿cómo había este hijo de una familia rica de Nueva York llegado a aprender tal lección, de conocer el valor de una vida que venía más naturalmente de la frontera que de la afeminación del «Este»?

Es verdad que Theodore Roosevelt nació en 1858 en las finezas de la clase alta de Nueva York. Su niñez estuvo llena de viajes de turismo a Europa, con sirvientes corriendo de un lado para otro atendiendo la gran casa de Main Street —en 1865, cuando Teddy era un niño, vio pasar por la ventana del frente de su casa la procesión funeraria de Abraham

Lincoln— y con los servicios de costosos tutores. Aunque no todo iba bien. Él era atormentado por una grave asma que deformaba la vida.

El eminente historiador David McCullough describió este tormento en su biografía de Roosevelt con el título *Mornings on Horseback* [Mañanas a caballo].

> Los ataques, cuando llegan son experiencias devastadoras, adormecedoras; siempre, sin importar cuántas veces nos hayan sucedido antes. Las noches se hacen un caos, se pierde el sueño, los nervios se deshilachan. Los padres quedan intensamente agotados de cualquiera cosa que pueda provocar un ataque. Cada vez se hacen más protectores, a menudo aislando sus buenas intenciones. Y, si a medida que los años pasan, el niño no muestra mejora, empiezan a sentir desesperación y agotados; se sienten atrapados en algo que está más allá de su comprensión y su capacidad para lidiar. Algunas madres «casi enloquecen» de preocupación.[23]

Esta fue la niñez de Theodore Roosevelt. Él fue un niño inteligente con una gran curiosidad y celo para investigar la vida, pero su cuerpo le falló. El esfuerzo le provocaba dificultad para respirar, lo cual le dejaba postrado en cama. Aun cuando marcaba su paso, rápidamente se quedaba sin energía. Parecía estar condenado a pasar toda su vida encerrado en la casa. Los vecinos susurraban que era bueno que los Roosevelt fueran ricos porque su hijo quizás nunca podría trabajar.

Finalmente, su padre intervino pagando todo tipo de tratamiento innovador, baños sulfurosos y masajes y terapias extrañas que utilizaban electricidad. Nada dio resultado. Por último, confió en el espíritu del muchacho. En septiembre de 1870, sentó a «Thee», pero lo llamó por su nombre completo en lugar del nombre cariñoso familiar: «Theodore, tienes la mente, pero no tienes el cuerpo, y sin la ayuda del cuerpo, la mente no puede ir tan lejos como debería. Debes obligar a tu cuerpo. Obligar al cuerpo es un trabajo duro y pesado, pero sé que lo lograrás».[24]

Fue un punto decisivo. ¿Qué hijo desea decepcionar a su padre? ¿Qué hijo no toma en serio la solución de su padre para un desafío que cambia la vida?

Un familiar que observó la conversación más tarde dijo que el joven Theodore, «el pequeño afligido», miró a su padre, «echó su cabeza hacia atrás y dijo que lo haría».[25]

Era justo el tipo de desafío para mejorarse de un impedimento definidor que ha formado a muchos hombres excepcionales. Theodore se dedicó completamente. Levantó pesas, golpeó sacos de boxeo, balanceó pesas, y pasó horas esforzándose para posicionarse en las barras horizontales.

Y a pesar de los años que pasaron mejoró muy poco. Sus padres trataban de ocultar su desilusión cuando él orgullosamente les mostraba un nuevo músculo adolescente o una movida que había perfeccionado en las barras. Seguía siendo patético, como lo era su cuerpo inmensamente limitado, casi raquítico.

Sin embargo, no se dio por vencido. Él continuó levantando pesas, golpeando sacos y esforzándose por años. Finalmente, en su primer año de Harvard empezó a ganar terreno. McCullough escribió: «La imagen que emerge, tan precaria como parezca, es casi una transformación milagrosa». Es incorrecto pensar que Roosevelt venció al asma con los ejercicios, porque sufrió episodios asmáticos toda su vida. Sin embargo, no sería una exageración decir que su régimen de ejercicios contribuyó a la gran transformación de salud que disfrutó en su primer año de universidad. Tampoco es una exageración decir que todos esos años de ejercicios duros y trabajosos, hora tras hora y día tras día, lo convirtieron en un hombre que conocía el poder del esfuerzo, de la voluntad sobre el cuerpo, y de la necesidad de que el hombre viva una vida vigorosa. Esos años le enseñaron a Theodore más de lo que él podía vivir concretamente, pero llegaría el día en que todo lo que aprendió lo rescataría.

La historia pública de Roosevelt es muy conocida. Él se graduó de Harvard y poco después entró en la legislatura estatal de Nueva York. Un libro sobre historia naval que comenzó a escribir en la universidad, *The Naval War of 1812* [La Guerra naval de 1812], se publicó en 1882 y ganó gran aceptación. Fue nombrado el comisionado de servicio del servicio público de EE. UU. en 1889, luego renunció para convertirse en el presidente de la junta de la policía de Nueva York, y en 1897 fue nombrado secretario asistente de la marina por el Presidente McKinley. Él dirigió una unidad de voluntarios en la guerra hispano-estadounidense, regresó como héroe y fue electo gobernador de Nueva York. Sirvió en esa función hasta 1900, cuando se convirtió en el candidato a la vicepresidencia de McKinley. La balota fue victoriosa. El 6 de septiembre de 1901, McKinley recibió un disparo. Cuando el presidente sucumbió a sus heridas el 14 de septiembre, Theodore Roosevelt se convirtió en el presidente de Estados Unidos. Tenía cuarenta y dos años.

Sus escritos, visión y gran personalidad lo harían muy querido a su generación. Su energía y espíritu triunfador también dejarían una marca en su tiempo. Sin embargo, nada de esto hubiera sido posible si él no hubiera sabido cómo recuperarse del peor día de tragedia en su vida.

Fue el 14 de febrero de 1884, el día de los enamorados. Theodore estaba en Albany atendiendo asuntos de la legislatura. Su esposa, Alice, estaba embarazada y distraída por los planes para su nueva casa en Long Island, Oyster Bay. La madre de Theodore vivía con la joven pareja también. Ella era un consuelo, porque el embarazo de Alice no había sido fácil y estaba obligada a permanecer en cama por muchas semanas. Cuando el niño finalmente nació el 12 de febrero, parecía que el peligro había terminado. Todos estaban concentrados con la hermosa nueva bebé que había colmado sus vidas de gracia.

Poco tiempo después, Theodore fue nuevamente llamado para regresar a Albany y fue allí donde empezó el problema. En la mañana del día trece, recibió un telegrama de que la bebé estaba bien y saludable, pero que la mamá estaba «relativamente bien». A las pocas horas, recibió un mensaje que debía regresar de inmediato. Cuando finalmente llegó a la casa, su hermano salió consternado a recibirlo. «Hay una maldición en esta casa», declaró Eliot Roosevelt. «Tanto mamá como Alice están muriendo».[26] Era verdad. Alice estaba muriendo de la enfermedad de Bright, una enfermedad renal, y la madre de Theodore, Martha Roosevelt, había caído enferma con lo que resultó ser las etapas finales de la fiebre tifoidea.

La escena que se desarrolló fue una de las más horribles que jamás le haya sucedido a un futuro presidente. Las dos personas que más amaba en el mundo, su madre y su esposa, estaban muriendo el mismo día y en la misma casa. Roosevelt subía y bajaba por las escaleras entre las dos mujeres por muchas horas orando, atendiendo, y sencillamente sosteniendo sus cuerpos flojos en sus brazos cuando no había más nada que hacer. Poco después de la medianoche su madre falleció. Su esposa murió la tarde siguiente. Dos días después, Theodore Roosevelt se sentó en un banco de la iglesia presbiteriana de la Quinta Avenida en Nueva York y sufrió un doble funeral. Al día siguiente, en la misma iglesia, participó del bautismo de Alice Lee Roosevelt, su nueva hija. Él escribió acerca de esos días: «La luz se ha ido de mi vida».[27]

Él estaba destruido. La muerte llenó su hogar. Él se hubiera lanzado en la política como un escape, pero su partido republicano había dejado de ser su hogar, y sus maquinaciones y corrupción lo habían desmoralizado. Su hija bebé había cautivado su afecto, pero ella tenía necesidad del cuidado de una mujer.

Lo que Roosevelt hizo en ese momento de su vida escandalizó a muchos en la sociedad de Nueva York, pero completó el proceso de hacerlo un hombre heroico. Él entregó su amada hija a su hermana, vendió casi todo lo que tenía, y se mudó a los territorios de Dakota, donde por muchos años había estado invirtiendo en una finca ganadera que miraba desde arriba un meandro del río Missouri. Él se quedaría allí por tres años.

¿Por qué se fue? ¿Por qué hizo una mudanza tan dramática?

La respuesta parece ser que Roosevelt necesitaba restaurarse y reconstruirse, y solo sabía una manera de hacerlo: volver a lo vigoroso y lo difícil. Quizás aquellas largas horas de levantar pesas y balancearse en las barras horizontales habían hecho surgir las fuerzas del alma que volvió a necesitar. Tal vez volver a la intensa labor física era la única forma que él sabía cómo apaciguar el alboroto en su corazón. Obviamente, necesitaba espacio, naturaleza, tareas difíciles y el peligro amenazador. Él sabía que esto era la clave para la sanidad. Él ya había experimentado en su vida esta verdad.

Después que llegó a las Dakotas, Roosevelt no pasó tres años en una cómoda silla al lado de una chimenea con un *brandy* en una mano y un libro en la otra. En cambio, él se convirtió en el héroe del oeste que había soñado. Él arreaba ganado y domaba caballos. Hacía frente a los osos y peleó con los forajidos. En una ocasión, persiguió a ladrones por tres días cruzando trescientas millas con temperaturas debajo de cero. Una vez que tomó cautivos a los criminales, viajó otros seis días y ciento cincuenta millas para entregarlos a las autoridades.

Y la tierra salvaje lo curó. Él domó la naturaleza a su alrededor a causa de que domó la naturaleza de su propia alma. Él pasó por su duelo y lo superó; vivió el momento, en lo físico y en una íntima conexión con la naturaleza. Esto, en lugar de vivir sumido en sus pensamientos, le obligó a vivir una vida arraigada, terrenal, donde los pensamientos solo llegan cuando la obra está acabada.

Durante esos años él escribía y los críticos aplaudían su obra como una de carácter «masculina, ferviente e innovadora».[28] Con el correr del tiempo, él ayudó a crear la literatura *Wild West*. Él vivió lo que escribió antes de escribirlo, y esto lo hizo auténtico, no solo como hombre público, sino, más importantemente, para él mismo. Le dio un estilo de confianza y perspicacia que lo marcó por el resto de su vida.

Roosevelt luego regresó al Este para realizar muchas cosas. Jamás se olvidaría de los años que pasó en Dakota. Escuche cómo él más tarde describe las memorias de ese tiempo.

> En los años que siguieron siempre me acordaba de las interminables praderas relucientes en el sol brillante; por los grandes desperdicios de nieves yaciendo bajo los desolados cielos grises; de los pantanos de la melancolía; del torrente de los poderosos ríos; del aliento del bosque siempre verde en verano; del canturreo de los pinos acorazados con el hielo al toque de los vientos del invierno; el rugido de las cataratas entre los antiguos pases de las montañas; de todas las vistas y sonidos innumerables de la naturaleza y de los silencios que nacen de su profunda quietud.[29]

Lea cuidadosamente estas palabras. Es obvio que la tierra se hizo para él algo más que algo físico. Se convirtió en una encarnación del sufrimiento de su alma. Desperdicios. Desolación. Pesadumbre. Melancolía. Silencio. Así fue como Roosevelt experimentó la tierra. De alguna manera había tomado la forma de su mundo interior. Trabajar la tierra era como erradicó los matorrales de su alma. Domar un caballo o tornar los árboles en establos y barracas robustos era tornar lo crudo y lo herido en un lugar donde un hombre podía vivir en paz. Esto fue lo que sucedió con Theodore Roosevelt en aquellos años esenciales en Dakota.

El hombre que se convertiría en el vigésimo sexto presidente de Estados Unidos sufrió tragedias extremas y necesitó una experiencia extrema para liberarse de su dolor. No obstante, todos los hombres necesitan lo que Roosevelt encontró: una vida física vigorosa, la posibilidad del perjuicio, enfrentar desafíos, enemigos para combatir, tierras para conquistar. Nuestras vidas nos alejan de esto. Trabajamos en un cubículo o vehículos cómodos. La tecnología nos sirve y nos protege del esfuerzo. Vivimos en una opulencia de insipidez: sobrealimentados, con demasiada atención, entretenimiento y preocupados por nosotros mismos.

Pero los hombres necesitan vidas físicas agresivas. Necesitan la competición y la conquista, las tensiones y las luchas. De otro modo, nosotros mismos nos perdemos en la suavidad y el afeminamiento. No es de sorprenderse que la palabra del Nuevo Testamento traducida *afeminado*, en el original griego, significa «suave por medio del lujo». Es una advertencia.

La mayoría de nosotros no pasaremos tres años domando caballos o persiguiendo ladrones en la nieve. Ni deberíamos hacerlo. Sin embargo, podríamos permitir que el ejemplo de Theodore Roosevelt nos recuerde que no somos espíritus incorpóreos. Somos almas selladas en un cuerpo. Tenemos que poner la maquinaria a trabajar, sea vivo tanto en el cuerpo como en el alma.

Despertará la masculinidad en nosotros y nos ayudará a desatar los nudos interiores. Nos recordará que somos hombres. Quizás las mujeres y los niños en nuestra vida lo están esperando, esperando que nos recuperemos. Esto solo valdría la pena.

¿QUÉ HARÁ USTED? ¿QUÉ HARÁ PARA PORTARSE COMO UN HOMBRE?

1. Discuta la historia de Theodore Roosevelt con sus amigos. ¿Qué parte se asemeja a las experiencias que usted ha tenido? ¿En qué manera «la vida vigorosa» respondió a las necesidades interiores de Roosevelt en las áreas que usted se identifica?
2. Evalúe su vida física actual. ¿Tiene usted áreas de combate controlado? ¿Tiene usted «combates» y «luchas» en su vida, aunque sea dos veces por semana en el gimnasio? ¿Tiene usted espacio, territorio, tierra salvaje a la cual entrar al menos ocasionalmente?
3. John Eldredge lo dice muy bien en el libro *Salvaje de corazón* que Adán fue hecho en la parte indómita de la creación, y Eva fue creada en el huerto. Esto, nos sugiere, contribuye con algunas de las diferencias entre el hombre y la mujer y además la diferencia en algunas de sus necesidades. Busque la historia de Adán y Eva. ¿Piensa usted que Eldredge tiene razón? Si es así, ¿qué significa para usted?
4. ¿De qué manera los jóvenes en su vida demuestran una necesidad por la naturaleza, la frontera o la aventura? Permítame hacerle esta pregunta por medio de una breve historia. Cuando mi hijo tenía alrededor de diez años, lo encontraron tarde una noche acostado en el medio de la calle. Más tarde él explicó que estaba tratando de ver qué tan cerca permitiría que los autos se acercaran a él antes de saltar y salir corriendo a la vereda. Afortunadamente, el policía que

«arrestó» a Jonathan era un amigo mío y me lo trajo para informarme que Jonathan iría a la prisión. Por supuesto, mi amigo musculoso comandante de SWAT estaba guiñándome el ojo a espaldas de Jonathan. Jonathan estaba aterrorizado. Mi amigo de apariencia feroz con una mano tiraba las esposas al aire y con la otra mano apuntaba con el dedo la pistola que tenía enfundada. Tomé a mi hijo «en custodia» asegurando al oficial Apollo Creed que después yo trataría con el muchacho. Aunque debo decir que yo sabía lo que mi hijo estaba haciendo. Él se estaba probando a sí mismo. Él quería saber si había algo de hombre en él. Tuve que reírme, pero solo después que descargué sobre él algo semejante a la ira de Dios. ¿En su casa sucede algo parecido a esto? ¿Se hace algún llamado al salvajismo controlado?

5. Por último, Eleanor Roosevelt nos aconsejó que «hagamos algo todos los días que nos asuste». No reaccione a este capítulo tan solo yendo a comprar una membresía al gimnasio o comprando un enorme y horrible aparato de gimnasia para su casa. Y *no se le ocurra* pensar que usted es un hombre indómito porque tiene un permiso de cacería que le permite sentarse en un asiento reclinable, en una garita con aire acondicionado, heladera y televisión satelital. *¡No!* Hacer un salto tándem de un avión. Planear en un ala delta. Entrenarse para subir a la cima de una montaña. Hacer buceo. Ir a trabajar al rancho de un amigo. No sea tonto, pero sí extiéndase más allá de sus límites. Y asegúrese de rendirle cuenta a sus amigos para no acobardarse. Todos tenemos ese potencial.

«ESTABA POSEÍDO POR EL MERO SURGIR DE LA VIDA, POR LA OLA DE LA EXISTENCIA, POR LA ALEGRÍA PERFECTA DE CADA MÚSCULO, DE CADA ARTICULACIÓN Y DE CADA NERVIO, Y POR TODO LO QUE NO ERA MUERTE, QUE ERA BRILLANTE Y LOZANO, Y SE EXPRESABA EN SU MOVIMIENTO, AL VOLAR EXULTANTE BAJO LAS ESTRELLAS».

—*Jack London, tomado de* La llamada de lo salvaje *(1903)*

LA ORACIÓN DE SIR FRANCIS DRAKE

Oh, Señor, inquiétanos cuando
estamos complacidos con nosotros mismos,
cuando nuestros sueños se hagan realidad
porque nuestros sueños son muy pequeños,
cuando llegamos a salvo
porque navegamos muy cerca de la orilla.

Oh, Señor, inquiétanos cuando
en la abundancia de los bienes que poseemos
hemos perdido nuestra sed
por las aguas de la vida;
nos hemos enamorado de la vida,
hemos dejado de soñar con la eternidad
y en nuestros esfuerzos por construir una nueva tierra,
hemos permitido que nuestra visión
del cielo nuevo se oscurezca.

Oh, Señor, inquiétanos para que nos atrevamos
confiadamente
a aventurar en mares abiertos
donde las tormentas nos mostrarán tu dominio;
donde al perder de vista la tierra,
encontraremos las estrellas.

Te pedimos que nos ayudes a extender
los horizontes de nuestra esperanza;
y extendernos hacia el futuro
en fortaleza, valor, esperanza y amor.

—SIR FRANCIS DRAKE

LA INTEGRIDAD

NUESTRA GENERACIÓN OYE LA PALABRA *INTEGRIDAD* Y PARECE significar algo «honesto y bueno». Un hombre de integridad es uno que no roba ni miente. Esto es lo que podemos interpretar cuando escuchamos el uso común de la palabra. No obstante, para entender que la palabra *integridad* está relacionada con la palabra *íntegro*, tenemos que ampliar un poco más nuestro entendimiento. Estas dos palabras vienen de la palabra del latín *integras*, lo cual significa «sensatez, entereza o entero».

El ejército antiguo de Roma usaba esta palabra prácticamente todos los días en su inspección ritual. El comandante se acercaba a la fila de los legionarios e inspeccionaba a cada hombre para confirmar que estuviera apto para su deber. Cuando el comandante se acercaba a uno de sus hombres, el soldado golpeaba su puño fuerte contra el pecho, justo sobre el corazón, y gritaba «¡Integras!». El comandante primero quería escuchar la calidad integral de la voz del soldado en buena salud, y después quería oír el sonido metálico de una armadura bien mantenida cuando era golpeada. Estos dos sonidos: el son de la voz del hombre y la condición de su armadura confirmaban la integridad del soldado.

La palabra indica sensatez hasta la médula. A veces escuchamos a la gente decir: «Dondequiera que cortes a ese muchacho, sangrará Texas». Esto se acerca al significado de la integridad. Si solo una parte del cuerpo o la vida del hombre está sana, pero el resto enferma, el hombre no está enteramente sano. Solo puede ser saludable, verdadero y noble si es todas estas cosas enteramente.

Siempre viene a mi recuerdo la definición más amplia de lo que significa la integridad cuando pienso en la antigua historia de Job. Ahora bien, a la mayoría de la gente no le gusta la historia de Job, porque les parece muy deprimente. Quizás les asusta pensar en un Dios que en un momento decide quitarle al hombre todo lo que tiene. Por otra parte, el libro de Job es largo, sermoneador y lleno de hombres enojados discutiendo por horas. Normalmente, nadie lo tiene apuntado como uno de sus «libros favoritos en la Biblia».

No obstante, me fascina la vida de este hombre Job. Me conmueve la manera en que se mantuvo firme soportando el disenso tanto como la justicia lo permitía, pero no más. Permítame contarle una versión resumida de su historia y luego le diré de qué manera pienso que Job ilustra los siete principios que todo hombre verdadero debe saber.

Solo sabemos algunas cosas acerca de Job, pero son todas las que necesitamos saber. Job vivió en la tierra de Uz, que estaba al este del río Jordán e incluía la región de Edom y Arán. Es probable que haya vivido en el segundo milenio A. C. (2000 a 1000 A. C.), y se nos dice que vivió más de cien años, como muchos de los patriarcas de Israel. Era rico, dedicado a Dios, y servía como sacerdote a su familia, orando y haciendo sacrificios por ellos.

Y Dios estaba orgulloso de él. En una ocasión, cuando los ángeles del cielo pasaban por el trono de Dios, él señaló específicamente a Job, describiéndolo como un hombre «recto» y «apartado del mal».

Satanás estuvo entre los ángeles que escucharon esto y pensó que Dios estaba siendo poco sincero. *Por supuesto que Job te sirve. Lo has protegido y lo has hecho fabulosamente rico. Quítale todo y te maldecirá en la cara.*

Los estudiosos debatirán hasta el final de los tiempos si esto sucedió en realidad, por qué sucedió y si en verdad sucedió así de esta manera. Vamos a quedarnos con la historia en las páginas que nos dicen que Dios escucha las provocaciones de Satanás y decide poner a prueba a su siervo Job. Dios le dice a Satanás que puede tocar la propiedad de Job, pero no a Job mismo.

Y fue así como empezó todo. Comenzó a desarrollarse el peor día que cualquier hombre en la historia del mundo haya tenido. Una tribu enemiga roba sus bueyes y asnos y en el proceso matan a sus criados. Cae un rayo del cielo que calcina a las ovejas y más criados. Otra tribu le roba los camellos. Una casa colapsa y mata a sus hijos e hijas.

Job se rasgó las vestiduras y se rasuró la cabeza en señal de duelo. Luego adora a Dios diciendo: «Desnudo salí del vientre de mi madre, y desnudo he de partir. El Señor ha dado; el Señor ha quitado. ¡Bendito sea el nombre del Señor!» (Job 1.21, NVI).

Aunque devastado, no le echó la culpa a Dios.

La historia continúa. Dios permanece orgulloso de Job y Satanás está frustrado. La próxima vez que pasa por el trono, Dios le señala a su siervo fiel, Job. Satanás da la respuesta esperada: *¡Claro, no me has dejado tocarlo en su cuerpo! ¡Si lo hago, te maldecirá en la cara!*

La mayoría de nosotros conoce la historia. Dios le da permiso y Satanás ataca la carne de Job. Job acaba en tal agonía que se rascaba con pedazos de tejas con la esperanza de acabar con su dolor.

Es en este punto de la historia que empiezo a quedar impresionado con la integridad de Job. Durante treinta y seis capítulos, acerca de los cuales se nos dice que representan varias semanas de sufrimiento, Job soporta la crítica y los consejos engreídos de su esposa y un grupo de amigos. Aun así, Job nunca cambió su historia. Ni una sola vez admite lo que no es verdad. Y no pecó contra Dios.

Es inspirador contemplarlo. Como verá, no hay muchas conclusiones para extraer cuando sucede algo así, cuando suceden cosas malas a gente buena, y algunas de esas posibles conclusiones no son muy gratificantes de considerar. En primer lugar, existe la posibilidad de que Dios no está al control de todas las cosas. Tal vez el mal que le sobrevino a Job se le escabulló a Dios. Segundo, está la posibilidad de que Dios no es justo. Tal vez responda a la justicia con la maldad porque, bueno, tal vez él tenga algo de maldad. Y finalmente, está la posibilidad de que los seres humanos en realidad son seres inocentes, pero que esto no hace nada en determinar lo que les sucederá.

Los hombres debatían estos asuntos en el tiempo de Job así como lo hicieron años después que su historia fue escrita. Y estas cosas siguen debatiéndose hoy.

El libro de Job se parece a un conflicto cósmico examinado a través de la experiencia de un hombre. Varios de los amigos de Job están en gran medida convencidos de que Job está en pecado o su teología está equivocada. Presentan su caso en frases largas y con una confianza pretenciosa. Job se mantiene firme, y uno lo ama por eso. Esencialmente les dice esto: *Miren, no me considero un hombre perfecto, pero no hay ningún pecado profundo y oscuro en mí. Si lo que he soportado tiene que ver con el merecimiento, yo no merezco esto. Me mantengo firme en mi integridad y apelo a Dios, porque él conoce la verdad. Espero en él. Él me vindicará.*

Tenga en cuenta que el asunto con Job es su integridad. Su esposa lo reprochó diciéndole: «¿Todavía mantienes firme tu integridad?» (Job 2.9, NVI). La pregunta quedó atascada en su mente. Después, cuando su situación había alcanzado lo peor, él les dijo a sus amigos: «Jamás podré admitir que ustedes tengan la razón; mientras viva, insistiré en mi integridad» (Job 27.5, NVI). Poco después de eso, cuando parecía que ya todo estaba perdido, él les dijo: «¡Que Dios me pese en una balanza justa, y así sabrá que soy inocente!» (Job 31.6,

NVI). Job quería que Dios hiciera exactamente lo que los centuriones romanos hacían con sus soldados: una prueba de integridad.

El largo debate de Job con sus tediosos amigos incluye un lenguaje que expresa el clamor de toda la humanidad. Imagínese cuántas personas han pensado en estas palabras y cómo estas frases anticipan nuestra esperanza por un salvador: «Dios no es hombre como yo, para que juntos comparezcamos ante un tribunal. ¡No hay un juez aquí que decida el caso entre nosotros dos! ¡No hay quien aleje de mí el báculo divino para que ya no me asuste su terror! Quisiera hablar sin temor, pero no puedo hacerlo» (Job 9.32-35, NVI).

Podemos sentirnos uno con el anhelo de Job que Dios intervenga, con la certeza de que Dios conoce la verdad en todas las cosas: «¡Ah, si supiera yo dónde encontrar a Dios! ¡Si pudiera llegar adonde él habita! Ante él expondría mi caso; llenaría mi boca de argumentos. Podría conocer su respuesta, y trataría de entenderla» (Job 23.3-5, NVI).

Finalmente, hay esperanza para Job, lo cual hace eco a las esperanzas de millones de almas: «Yo sé que mi redentor vive, y que al final triunfará sobre la muerte. Y, cuando mi piel haya sido destruida, todavía veré a Dios con mis propios ojos. Yo mismo espero verlo; espero ser yo quien lo vea, y no otro. ¡Este anhelo me consume las entrañas!» (Job 19.25, NVI).

A pesar de estos despliegues de poesía y anhelos humanos, el libro de Job se alarga gravemente. Yo creo que Dios lo quiso así. El libro es tan largo y a menudo tedioso que uno se une a Job con la esperanza de que Dios intervenga.

Cuando al fin lo hace, es uno de los despliegues más magníficos de soberanía que usted jamás tendrá el privilegio de testificar. Dios entra al enredo humano y empieza a hablar. No se explica a sí mismo. No calma los sentimientos de Job con una caricia en la cabeza. Ni tampoco entra al debate humano ni resuelve el asunto de quién tenía la razón.

En cambio, se presenta con la actitud: *¡Cállate! ¿Quién eres tú que te atreves a hablar? ¿Acaso creaste los mundos con tu palabra? ¿Estableciste límites a las olas? ¿Diseñaste los movimientos del caballo o las maravillas del cuerpo de la mujer? ¡Entonces, cállate! Yo soy el Señor y hago como me place.*

Dios habla así durante tres capítulos. Finalmente, Job se arrepiente y ora para que Dios perdone a sus amigos idiotas. Entonces Dios restaura a Job casi con el doble de la prosperidad que tenía. Y Dios se retira, sin jamás haberse explicado.

Al final del libro de Job uno quiere regocijarse porque al fin terminó y porque Dios es tan impresionante y formidable. Uno no sabe si gritar como cuando su equipo favorito gana el mundial de fútbol, o postrarse sobre su rostro y adorar. De cualquier manera es una revelación.

Lo que me conmueve profundamente, aparte de la revelación de la gloria de Dios que todos podemos experimentar, es la vida de Job. Él está en una agonía física completa. Lo ha perdido todo. Tiene amigos que le están diciendo que es un insensato y un pecador. Aun su propia esposa se puso en su contra. Pero aun así, él espera en Dios y se mantiene firme en lo que es verdadero.

¡Job es un hombre! ¡Un verdadero hombre! Lo admiro y he aprendido de él. Permítame decirle lo que me ha enseñado:

1. Job no es persuadido por las opiniones de los hombres. Él sabe lo que es verdadero. Él escucha respetuosamente a sus amigos. Job es cortés, pero no torcerá la verdad para complacer al hombre. Me gustaría poder decir que este siempre ha sido el caso conmigo, pero me duele cuando otros hombres piensan mal de mí, y muchas veces me encuentro tratando de obtener su favor. Si no me doy cuenta a tiempo puedo empezar a servir al hombre para ganarme el sueldo

de su aprobación y así hallarme tan lejos de Dios y de quien en verdad soy. Ningún hombre puede servir a las opiniones de otros hombres y ser su propio hombre, un verdadero hombre. Esto me lo enseñó Job.

2. Job habla la verdad tal como es. Él entiende el poder que tiene. Sin importar lo que le haya quedado en esta vida, él no va a mentir; él permanece sobre su integridad. Está dispuesto a morir si fuera necesario, pero jamás dirá algo sobre el asunto que no sea la verdad. En comparación, muy seguido me he sentido como un mentiroso en una tierra de mentirosos. Muchas veces la verdad me ha eludido, o quizás me haya parecido algo muy costoso a que aferrarme. Job susurró suavemente en mi oído: «Lo único a lo cual te puedes aferrar es la verdad. Háblala con integridad. Sé un hombre».

3. Job nunca le echó la culpa a Dios. Se nos dice esto repetidamente en los cuarenta y dos capítulos del libro: «A pesar de todo esto, Job no pecó ni le echó la culpa a Dios» (Job 1.22, NVI). Podemos ver que Job no entiende lo que le está sucediendo. Él sabe que no ha hecho nada para merecer la destrucción total de todo lo que tiene en gran estima. Aun así sabe que Dios es justo. Job puede enojarse, maldecir a sus amigos insultantes, lamentar su vida en este mundo, pero jamás se aparta de su confianza en el carácter de Dios: «Aunque él me matare, en él esperaré» (Job 13.15, RVR1960). He pasado por tiempos difíciles, como la mayoría de los hombres, pero nunca me sucedió algo que se asemeje al sufrimiento de Job. No obstante, no puedo decir que mantuve mi fe en Dios como lo hizo Job. Así que Job me ayudó. La simple frase: «Aunque él me matare, en él esperaré», algo

al revés de lo que el mundo nos impone, me dice lo que debo saber. Dios puede hacer lo que le place, aun si significa mi destrucción. Pero aun así, sigo poniendo mis esperanzas en él. Lo vuelvo a repetir: ¡Job era un hombre!

4. Job se defiende. No se quedó sentado y callado mientras se decían mentiras y su carácter era asaltado. Él habla, presenta un argumento y hace su defensa. Me ha tocado escuchar a la gente decir que si un hombre se defiende vigorosamente debe ser culpable. Es como que el solo hecho de presentar una defensa es en sí mismo un pecado. Yo no lo creo. Yo creo que es la marca de la rectitud en el alma de una persona. El apóstol Pablo también pensaba lo mismo. A los corintos les dijo que obviamente se habían arrepentido de sus pecados porque estaban preocupados por exonerarse de conductas indebidas (ver 2 Corintios 7.11). Por cierto, también hay un rechazo defensivo y egocéntrico que no recibe la corrección que es impío e infructífero. Un hombre necesita conocer la diferencia entre el comportamiento cobarde y el deseo recto de declarar la verdad. Job conocía la diferencia y nosotros también debemos.

5. Job era rápido para reconocer sus errores. Aunque no pecó echándole la culpa a Dios, él tuvo que admitir: «He hablado de cosas que no alcanzo a comprender» (Job 42.3, NVI). Esto, también, es una señal de un hombre recto. Sea enseñable. Admita sus propios pecados. Admita sus fracasos. No pretenda ser algo que no es. Solo Dios es el juez y él todo lo sabe. Esta es una parte vital de la verdad sobre la integridad. Sea genuino, aunque se haya equivocado genuinamente y tenga que admitirlo a Dios y los hombres.

6. Job escuchó cómo lo criticaban. Si a mí me hubiera sucedido lo que le pasó a Job, el libro de Stephen hubiera tenido tres capítulos de largo. Yo no me hubiera quedado sentado permitiendo que los insensatos me presionaran con sus estupideces. Y nunca hubiera llegado a la gran restauración que por último Job disfrutó. Él parecía entender que era importante escuchar a sus críticos. Algo grande acerca del arte de vivir es que usted pueda escuchar la verdad de la boca de sus enemigos, y permitir que ellos sean los tutores no retribuidos de su alma. Esto demanda paciencia y mucho dominio propio. Aunque a menudo sus críticos pueden en verdad ayudarle si usted busca, como una vez me dijo un amigo, los diamantes de la verdad en el estiércol de las opiniones de los hombres. Recién acabo de aprender esto, de Job.

7. Por último, Job esperó. Se podría haber matado. Podría haber maldecido a Dios. Podría haber matado a sus sorprendentes amigos ignorantes. Podría haber perdido toda su esperanza. En cambio, estando en agonía y siendo un hedor a sus amigos, él puso su mirada en Dios y esperó. *No sé qué hacer, pero mis ojos están puestos en ti.* Los hombres quieren actuar, arreglar lo que anda mal o está roto. Sin embargo, a veces la mejor parte de la hombría es entender lo que uno no puede arreglar y esperar en Dios que sí puede. Esperar es duro. Esperar es una prueba. Esperar es una manera de decirle a Dios: «Dios es Dios y yo no. Él actuará cuando esté listo. Hasta ese momento estaré aquí». Tal vez sea la declaración de fe más grande que podamos hacer, especialmente en tiempos de sufrimiento. Es difícil. Es por eso que esto es parte de ser un verdadero hombre.

¿QUÉ HARÁ USTED? ¿QUÉ HARÁ PARA PORTARSE COMO UN HOMBRE?

1. Piense cuidadosamente acerca de sus temporadas de sufrimiento. ¿Qué es lo que surge de su vida en ese tiempo? ¿La fe? ¿La autocompasión? ¿El enojo? Tome nota de todo, porque es parte de usted. Conviértalo en oración y pídale a Dios que lo haga un hombre recto. Rechace aquello que lo lleva a ser inferior.
2. Contraste su vida con lo que las siete lecciones de la vida de Job nos enseñan y vea cómo usted se compara con esos estándares. No espere que llegue a su vida una temporada horrible como vivió Job para perfeccionar estas cualidades. Póngalas en práctica ahora. Pídale a las personas más cerca suyo que le digan lo que ven cuando lo comparan con las grandes siete lecciones de Job. Aprenda de ellas y actúe.
3. Póngase intencionalmente en situaciones difíciles de corto plazo. Entrénese para algo difícil o comprométase a disciplinas espirituales como el ayuno o el silencio prolongado. Tome notas de cuáles fueron las fuerzas negativas que surgieron en su alma. Lidie con ellas. Además, tome nota de cómo soporta el sufrimiento, y qué es lo que le ayuda a superarlo. ¿La oración? ¿Las Escrituras? ¿Un amigo soportando a su lado? ¿Los ejemplos de los grandes hombres de la antigüedad? Todo es valedero; la fortaleza nos llega diferentemente a cada uno. Sepa cómo le llega a usted.
4. Entienda este principio: si su teología, su manera de ver al mundo fundamentado en Dios, no incluye el entendimiento

bíblico del sufrimiento, las cosas difíciles de la vida le sorprenderán y quizás den un golpe inesperado a su fe. Estudie este tema con su Biblia. Hable con su banda de hermanos. Lea buenos libros. Entreviste sus mentores espirituales. Escuche a los grandes hombres de la antigüedad. Tenga convicciones bíblicas sobre el problema de la maldad y el sufrimiento en el mundo. No tenga una religión peso pluma que cuando algo difícil le golpea queda descolocado de su fundamento de fe. Los verdaderos hombres enfrentan cosas difíciles conociendo quién reina en el mundo y el bien que las cosas difíciles producen. Ahora bien, esto es cierto solo si en primer lugar la cosmovisión teológica del hombre es lo suficientemente grande para también incluir las cosas difíciles.

«AQUEL QUE APRENDE DEBE SUFRIR. E INCLUSO EN NUESTRO SUEÑO EL DOLOR QUE NO PUEDE OLVIDAR CAE GOTA A GOTA SOBRE EL CORAZÓN Y EN NUESTRA PROPIA DESESPERACIÓN, EN CONTRA DE NUESTRA VOLUNTAD, LA SABIDURÍA NOS LLEGA POR LA TERRIBLE GRACIA DE DIOS».

—Aeschylus, tomado de la obra Agamenón,
parte de la trilogía de Orestíada

UN SALMO DE LA VIDA
LO QUE EL CORAZÓN DE UN JOVEN LE DIJO AL SALMISTA

No me digas, con cifras tristes,
¡que la vida no es más que un sueño vacío!
Dado que muerta está el alma que duerme
y las cosas no son lo que parecen.

¡La vida es real! ¡La vida es cosa seria!
Y la tumba no es su meta;
polvo eres y al polvo volverás,
no se refería al alma.

Ni el disfrute, ni la tristeza
son nuestro fin o nuestro destino;
sino actuar para que cada amanecer
nos lleve más lejos que el hoy.

El arte es largo y el tiempo es fugaz
y nuestros corazones, aunque fuertes y valientes
todavía, al igual que tambores sordos,
tocan marchas fúnebres hacia el sepulcro.

En el vasto campo de batalla de este mundo,
en el campamento de la vida,
¡no seas como buey mudo aguijado!
¡sino héroe en el conflicto!

En el amplio campo del mundo de la batalla,
en el campamento de la vida,
no sea como un buey tonto y manipulado,
¡actúa como un héroe en la lucha!

¡No confíes en el futuro por agradable que sea!
Deja que el pasado muerto entierre a sus muertos.
¡Actúa, actúa en el presente vivo
con el corazón firme y Dios guiándote!

Las vidas de los grandes hombres nos recuerdan
que podemos hacer sublimes nuestras vidas,
para que al partir dejemos detrás de nosotros
sus huellas en las arenas del tiempo;

huellas que tal vez otros naveguen
por el solemne océano de la vida,
un hermano triste y náufrago
al verlas, podrá recobrar la esperanza.

Vamos, entonces, de pie y manos a la obra,
con ánimo para afrontar cualquier destino,
siempre logrando, siempre afirmando
aprendiendo así a trabajar y a esperar.

—**HENRY WADSWORTH LONGFELLOW**

EL PERDÓN

Es uno de los más grandes santos cristianos. Su día festivo es muy conocido más allá de la iglesia cristiana. Con la excepción de san Nicolás, se celebra más exuberantemente que cualquier otro santo. Cada 17 de marzo hay desfiles, música céltica, el uso de vestimentas verdes, y océanos de cerveza para conmemorar la memoria de san Patricio, el legendario apóstol de Irlanda. Aunque su vida nos es desconocida, lo poco que sí sabemos nos dice que fue un hombre inspirador.

Además, fue un hombre de hombres. Vivió una vida agreste, evangelizó a Irlanda con cerveza y milagros, y eventualmente peleó con el enemigo feroz que llega por todos nosotros en la noche, y ganó. Volveremos a este punto.

La parte que tiene que ver con la cerveza es fascinante. Patricio no condujo cruzadas al estilo de Billy Graham para evangelizar las tribus salvajes y paganas de Irlanda. En cambio, fue de tribu en tribu, de cacique en cacique, cultivando la amistad y ganando su confianza. Una vez que ganó esa confianza, plantó comunidades cristianas entre las tribus, y estas a su vez convirtieron a regiones con vivir santamente, milagros, generosidad, familias sanas y granjas prósperas. La cerveza también jugó un papel.

Patricio siempre tenía a su lado un maestro cervecero, un hombre llamado Mescan. Patricio ganó a muchos caciques compartiendo la cerveza superior que Mescan había desarrollado. Cuando los caciques vieron a este hombre superior llamado Patricio, observaron su manera superior de vivir y hasta probaron la calidad superior de la cerveza que Patricio les ofreció, todo eso parecía confirmar el evangelio que Patricio les predicó. Los irlandeses se convertían por los miles.

Aparentemente, la cerveza también jugó un papel en algunos de los milagros que Patricio realizó. Según una leyenda popular irlandesa, una vez cuando el apóstol cenó con el gran rey de Tara, «El hechicero Lucatmael puso una gota de veneno en la tinaja de Patricio y se la entregó en su mano. Pero Patricio bendijo la tinaja y dio vuelta la vasija y el veneno salió de ella, pero no se derramó ni una gota de cerveza. Y después Patricio se tomó la cerveza».[30]

No sabemos con plena certeza si Patricio hizo las grandes obras que registran las leyendas. ¿Se convirtió su vara en un árbol? ¿Echó a las serpientes de Irlanda? ¿Usó un trébol para enseñarles a los irlandeses sobre la trinidad? No podemos estar seguros. Lo que sabemos es que Patricio valientemente anduvo por las violentas aldeas paganas, se hizo amigo de los caciques, ganó a los hombres y a las tribus con la hospitalidad, sirvió a los necesitados, y al final de su vida atrajo a la mayoría de Irlanda al evangelio de Jesucristo. ¡Qué vida!

Pero eso no es todo. Cómo Patricio terminó en Irlanda para expandir el cristianismo, y la vida que había vivido años anteriores, es igualmente fascinante.

Patricio nació en Britania en algún momento a fines del cuarto siglo. Su padre era diácono cristiano y su abuelo sacerdote, pero Patrick nos dice en su *Confessio* que al cumplir los dieciséis años él no tenía fe propia. Esto es importante saber porque fue en ese año de su vida que los asaltantes paganos lo secuestraron y lo llevaron al norte a los dominios de Irlanda.

Él pasó los siguientes seis años como cautivo y se le hizo cuidar rebaños en los fríos pastizales, mal alimentado, y maltratado. Fue un tiempo de gran sufrimiento, pero sirvió para regresar al cristianismo de sus padres. Debemos escuchar esta historia en sus propias palabras:

> Después de llegar a Irlanda, cuidaba ovejas todos los días y oraba varias veces en el día. Cada vez crecía más el amor de Dios y mi sentido de admiración por Dios. Mi fe creció y mi espíritu estaba conmovido, al punto que podía hacer cien oraciones durante el día y una cantidad similar por la noche. Hasta me quedaba en el bosque y sobre las montañas, y me despertaba para orar antes que amanezca en la nieve, el hielo y la lluvia. Nunca me sentí lo peor por eso, y jamás me sentí perezoso, y ahora me doy cuenta de que esto era así por el espíritu que en ese tiempo ardía dentro de mí.[31]

En un tiempo de ayuno y oración, Patricio escuchó una voz que le dijo: «Haces bien en ayunar: pronto partirás a tu patria». Un tiempo después, otra voz le dijo: «Tu barca está lista». Poco tiempo después llegó su liberación, y aunque el viaje fue arduo, le llevó varios años a Patricio regresar a su casa. Sus padres se deleitaron con su regreso y además por su fe reanimada. Como lo hacen los padres amorosos, le rogaron que nunca volviera a viajar lejos de ellos.

Poco tiempo después, Patricio empezó a tener visiones que volvieron su atención a la tierra donde había estado cautivo. En una de estas, Patricio contó: «Vi a un hombre que se llamaba Victoricus que parecía venir de Irlanda con innumerables cartas... y mientras leía el principio de las cartas perecía que podía escuchar la voz de aquellos que estaban al lado del bosque de Foclut que está cerca del mar occidental, y clamaban como a una voz: "Te rogamos, joven santo, que vengas y andes entre nosotros"». Después de otras visiones similares, Patricio regresó a la tierra de su cautividad para extender el evangelio de Jesucristo.

Fue un hecho sorprendente. Él había sido abusado cruelmente los seis años que estuvo entre las tribus irlandesas. No pudo haber sido fácil regresar. Seguramente, él batalló contra el temor, quizás la amargura, pero aun así respondió valientemente el llamado y, con el tiempo, cambió el curso de la historia por su obediencia.

¿Qué clase de hombre soporta seis años de cautividad cruel y aun así emerge con una fe nueva y vital? ¿Qué clase de hombre regresa a la tierra de sus captores porque es tocado por las necesidades del pueblo allí? ¿Qué clase de hombre convierte a tribus guerreras paganas con bondad, milagros y cerveza? La respuesta es: un hombre santo. Un hombre ungido, un hombre escogido por Dios. En efecto, un verdadero hombre, en el sentido más alto y grande.

Sería lógico pensar que las batallas más grandes de Patricio fueron por las almas del pueblo irlandés. Y podríamos suponer que la iglesia en Britania no solo estaba contenta por el éxito evangelístico de Patricio, sino también ansiosa por ayudarlo, y que sus líderes estaban dispuestos a hacer cualquier cosa con tal que este gran hombre no fuera obstaculizado en su labor.

Pero esto no fue así.

En cambio, la iglesia en Britania permitió que emergiera una tormenta de chismes e insinuaciones para socavar a Patricio, distraerlo de su labor pionera, y amenazar con perjudicarlo por el resto de su vida. Fue un tiempo de gran agonía para este gran apóstol y nos da la oportunidad de observarlo batallar como hombre y verlo emerger como un hombre aún más extraordinario.

En su *Confessio* nos dice que después de haber tenido gran éxito entre las tribus irlandesas, se enteró de que había sido traicionado en casa. Ocurrió en un tiempo cuando estaba siendo considerado para el cargo de obispo. Los ancianos que se oponían a su promoción empezaron a circular rumores acerca de él. Esto hirió tanto a Patricio que más tarde escribió: «Estaba muy disgustado, y hubiera caído aquí y para siempre, pero el Señor generosamente me guardó, un converso y extranjero, a causa de su nombre, y vino poderosamente para ayudarme mientras estaba siendo pisoteado».

Voy a dejar que Patricio mismo cuente su historia, pero como habla con muchas frases místicas que a veces son difíciles de entender, permítame explicarle que este escándalo tuvo que ver con un pecado que él había confesado a un amigo en décadas anteriores. Aparentemente, ese amigo habló a la iglesia acerca de la transgresión de Patricio para impedir su promoción al episcopado: al cargo de obispo.

> Después de treinta años me acusaron con un sucedido que había confesado antes de ser hecho diácono. En ese tiempo, debido a la tristeza que había en mis pensamientos, expuse delante de un amigo cercano lo que había hecho un día (en una hora) de mi adolescencia, porque aún no tenía convicción de pecado. Dios sabe, yo no sé, si al momento tendría quince años cuando aún no creía en el Dios vivo, desde mi infancia; sino que permanecí en la muerte y la incredulidad hasta que fui duramente reprendido, y en verdad fui quebrantado todos los días con hambre y desnudez...
>
> Por lo tanto, hoy puedo decir confiadamente que mi consciencia está limpia y así continúa. Dios es mi testigo de que no les miento en estas palabras que les digo.
>
> Sino que estoy entristecido por mi amigo cercano, y que por causa de él debamos escuchar estas palabras. ¡Aquel a quien le confié mi alma! Y me enteré por un buen número de hermanos, antes de

que se presentara el caso en mi defensa (en el cual no tomé parte, ni estaba en Britania, ni abogué mi causa), para que en mi ausencia él peleara de mi parte. Además, él mismo me dijo: «Asegúrate de que el cargo de obispo te sea dado», del cual no era digno. Pero ¿cómo se le ocurrió, poco después, desgraciarme públicamente, en presencia de todos, buenos y malos, porque previamente con alegría y de su propia voluntad, me perdonó como lo hizo el Señor, que es mayor que todos?

Este es el tipo de asaltos que muchos hombres han tenido que soportar, pero en el caso de Patricio había mucho en juego. Él ya estaba transformando los reinos irlandeses con su mensaje. Había muchos nuevos convertidos que contaban con su integridad. Mientras se ocupaba en su gran obra, un viejo amigo traicionó a Patricio revelando un pecado, un pecado que él ya había confesado hacía treinta años, y el cual había cometido cuando tan solo tenía quince años, y aún no era cristiano.

Aquí deberíamos hacer una pausa con la historia de Patricio. Él está luchando con la amargura. Hasta admite que esta amargura podría destruirlo para siempre. Debemos estar agradecidos por su honestidad. Todos hemos peleado con los mismos enemigos despiadados, o lo haremos.

Para que un hombre se convierta en un hombre extraordinario, tendrá que vencer en su vida la fuerza de la amargura. Nadie se puede escapar de ella. Hay suficientes ofensas y dificultades en el mundo que con certeza en algún momento seremos heridos y traicionados. Todos tendremos la oportunidad de beber el veneno del dulce sabor de la amargura contra todos los que nos han hecho mal. Para entender el arte de sobrevivir sin contaminación, hay que aprender el arte del perdón.

Es algo difícil de hacer y pareciera que para los hombres es aún más difícil. No estoy creando excusas. La mayoría de los hombres parecen tener el alma cubierta con Velcro. Todo se pega. Particularmente las memorias de algo malo, una herida, una traición o una ofensa. Los hombres se aferran a los males que le han hecho, los ensayan, hacen excusas culpando a esos males por los fracasos que les han ocasionado y frecuentemente envenenan sus vidas con la amargura que continuamente circula en su corazón y su mente. Los convierten en almas pequeñas, acusadoras e iracundas en lugar de hacerlos los grandes seres generosos que han sido llamados a ser. Perjudica a todo lo que hacen y los hace herir a aquellos que ellos deben proteger: esposas, hijos, hijas y amigos.

Las claves para el perdón son sencillas pero costosas, debido a nuestro propio orgullo y autocompasión. Cuando alguien nos hiere, duele. Debemos resistir nuestra naturaleza inferior y tratar de encontrar el anzuelo de la compasión. John no me hirió porque me odia; él se siente amenazado. O Jenny se descargó conmigo, pero debo tener en cuenta su trasfondo. O esos chicos me robaron, pero el crimen es todo lo que conocen, lo único que han visto en la cultura que los rodea.

Hay otras razones por que perdonar. Deberíamos aferrarnos a cualquiera de las que nos llevan a hacer lo correcto. Nos ayuda a recordar que somos pecadores y que nosotros mismos alguna vez también hemos obrado mal. Sinceramente, debería asustarnos el hecho de que Dios mismo no perdonará a aquellos que no perdonan a los demás. También está el ejemplo negativo de aquellos que han hecho de la amargura la obra de su vida. ¿Son lo que queremos ser? ¿Pequeños, iracundos, en conflicto con la vida, con Dios, anclados en el pasado y apartados del Espíritu Santo?

No lo creo.

Entonces perdonamos. Despedimos los males que nos han hecho. Dejamos que la gente salga de las jaulitas en las que les pusimos por un tiempo mientras disfrutamos nuestros sentimientos de superioridad moral. Entregamos las emociones de lo malo a Dios y rehusamos retomarlas. Luego nos callamos y jamás volvemos a mencionar el asunto. Cuando llega el momento, ponemos nuestro brazo sobre los hombros del ofensor y le preguntamos cómo está. Generalmente, una buena comida nos ayuda con el proceso, particularmente si el ofensor es un varón.

Esto es lo que significa tener un alma limpia, ser un cristiano y ser un hombre. Algo inferior a esto es lo mismo que prender fuego a nuestras esperanzas como hombres y vivir con las cenizas.

Antes de regresar a Patricio, escuche este último pensamiento del eminente autor Frederick Buechner:

> Lamer tus heridas, mover tus labios acerca de agravios pasados, revolver tu lengua sobre la posibilidad de un altercado amargo que vendrá, saborear hasta el último bocado tanto el dolor recibido como dolor que dará, en muchas maneras es una fiesta apta para un rey. El mayor inconveniente de todo esto es que te estás tragando a ti mismo. El esqueleto de la fiesta eres tú.[32]

No fue más fácil para Patricio de lo que lo es para nosotros, pero Patricio perdonó. En su *Confessio* hay cuatro palabras que nos dicen que él llevó el asunto a su fin y son palabras que nosotros deberíamos aprender a usar. Después de describir todo el asunto de la traición, escribió: «He dicho lo suficiente». Y no dijo más nada. En sus escritos podemos encontrar un indicio aquí o allí, pero son imprecisos: «Agradezco incansablemente a Dios que me guardó fiel en el día de mi tentación, para que hoy pueda confiadamente ofrecer mi alma como sacrificio vivo a Cristo mi Señor». Eso solo nos ayuda. Patricio tuvo que pelear, tuvo que entregarle al Señor el asunto una y otra vez. No obstante, él sabía que la muerte de la amargura comienza cuando nosotros decidimos: «He dicho lo suficiente». Agradezca a Dios por el ejemplo de Patricio.

¿QUÉ HARÁ USTED? ¿QUÉ HARÁ PARA PORTARSE COMO UN HOMBRE?

1. Tome un momento para evaluar su nivel de amargura. No confíe en sí mismo. Pregúntele a su esposa, a sus hijos mayores y a sus amigos. ¿Lo escuchan repasando los males que ha sufrido? ¿Lo ven excusándose de la voluntad de Dios o de su progreso con las heridas del pasado? ¿Se sienten contaminados por la amargura que usted arroja?
2. Haga una lista de aquello que usted no ha perdonado. ¿Está usted esperando que alguien venga a pedirle perdón? Entonces no lo ha perdonado. ¿Le largó la boca a alguien, cuando usted manejaba solo en el auto, por algo que él le hizo? Entonces no lo ha perdonado. ¿Siente usted dolor cuando piensa en su padre, su madre, un entrenador, o un amigo, pero interiormente o en voz alta piensa: «No voy a pensar en eso»? Si es así, hay una falla con el perdón. Sea brutalmente honesto. Pregúntele a las personas más cercanas que lo conocen. No hay tiempo que perder.
3. Ocúpese. El perdón no es un proceso para manejar sus emociones. Es un acto. Usted perdona, le dice a otros que perdona, lo declara hecho, ora, y le entrega todo el asunto a Dios. Batalla en oración y confía en las Escrituras para ser fortalecido y permanecer libre y limpio. Le pide a otros que lo perdonen. Haga lo que pueda para enmendar sus errores. Libérese de los rencores amargos y las reacciones iracundas tanto como sea posible. Por último, pídale al Espíritu Santo

que le limpie de nuevo y que restaure lo que perdió durante el tiempo que estuvo usted envenenado.

4. Recuerde que su meta no es solo que una situación en particular quede limpia. Su meta es despojarse del Velcro adherido a su alma y reemplazarlo con el Teflón de la justicia que no permite que nada malo se pegue. Por tanto, avance en esta dirección y pídale a Dios que obre. Memorice escrituras que le empoderan con el amor. Usted sabe que la ofensa es un cáncer, y lidia con ella tan pronto ocurre. Usted pelea. Le declara guerra a su naturaleza inferior. Busca ayuda de sus amigos. Lee libros. Hasta mira películas que le recuerdan del daño que hace la amargura. No hay nada mágico aquí. Solo un hombre que batalla por su alma usando lo que necesita para estar limpio delante de Dios. En resumen: usted actúa. Es lo que un hombre hace.

«DEBEMOS DESARROLLAR Y CONSERVAR LA CAPACIDAD DE PERDONAR. QUIEN CARECE DEL PODER DE PERDONAR TAMBIÉN CARECE DE LA ENERGÍA DE AMAR. HAY ALGO BUENO HASTA EN EL PEOR DE NOSOTROS Y HAY ALGO MALO EN EL MEJOR DE NOSOTROS. CUANDO DESCUBRIMOS ESTO, NOS VOLVEMOS MENOS PROPENSOS A ODIAR A NUESTROS ENEMIGOS».

Martin Luther King Jr., tomado de «Ama a tus enemigos», un sermón predicado en Dexter Avenue Baptist Church en Montgomery, Alabama, Navidad 1957

RESPUESTAS A ÉL...

«¿Cuándo seré un hombre?», dijo él,
mientras lo ponía en la cama.
«¿Cuántos años deberán pasar
antes de que el tiempo me haga hombre?
Y, ¿seré hombre cuando
haya crecido? Yo suspiré,
porque debía pensar cuidadosamente para
dar respuesta a su pregunta.

Así que lo senté sobre mis rodillas,
y le dije: «Un hombre serás
cuando hayas aprendido que el honor
produce más gozo que todas las coronas de los reyes;
que es mejor ser verdadero
a todos los que te conocen y confían en ti
que todo el oro que obtengas de la tierra
si obteniéndolo te deja una mancha.

«Cuando puedes pelear por la dulce victoria,
pero aun así tragar la derrota,
y aferrarte a la esperanza y mantener el derecho,
y no usar el engaño en lugar de la fortaleza;
cuando eres amable, valiente y limpio,
y justo con todos y nunca malo;
cuando haya bien en todo lo que planificas,
ese día, mi niño, serás un hombre».

—EDGAR A. GUEST

EL SUFRIMIENTO

CABALLEROS, PERMÍTANME LIBERARLOS DE UNA CARGA, LA carga de la historia que creen conocer.

A todos se nos ha hecho un gran perjuicio. Nos han enseñado lo que llamo la versión de la historia de las estatuas. Con esto me refiero que nos han enseñado una versión de la historia que presenta los héroes del pasado como gigantes morales que salen perfectos del vientre y que han logrado el éxito casi sin esfuerzo. No nos ha servido para bien.

Nadie quiso hacer este daño. A nuestros maestros de historia probablemente les enseñaron que tan solo estaban honrando a grandes hombres y mujeres de nuestro pasado. Pero la mayoría nos han enseñado sobre las estatuas en lugar de los seres humanos, gigantes sin cicatrices que lograron fama y conquistaron como si jamás hubo duda alguna sobre su destino.

No es así. Escúcheme. Es una mentira.

Los grandes héroes del pasado que usted ha llegado a admirar fueron todos seres humanos patéticos que recordamos solo porque declararon la guerra a alguna parte patética de su vida. Y si no entendemos esto, nos queda creer que algunas personas son destinadas a ser extraordinarias, pero que la mayoría de nosotros no lo somos, y aquellos de nosotros que no lo somos deberíamos conformarnos a cumplir nuestros deberes y archivar cualquiera sea el sueño que haga latir nuestro corazón.

Lo vuelvo a repetir. Es una mentira.

Dios establece destinos en el cielo, pero esos destinos tienen que ser puestos en marcha sobre la tierra un minuto arduo tras otro. Nos cansamos. Sangramos. Nos afligimos. Tenemos que conquistar cada paso. Nadie recibe un pase gratis. Nadie puede ponerse al frente de la fila, aunque tenga una estatua. Todos son imperfectos.

Escuche. John Wesley fue un hombre extraordinario. Él fundó la iglesia metodista y ayudó a dirigir a Inglaterra en una renovación espiritual transformadora. Fue un gran hombre.

Sin embargo, su matrimonio era tan malo que cuando un amigo fue a buscarlo para ir a una reunión, el hombre vio a la esposa de Wesley arrastrando de las mechas al gran predicador alrededor de la casa. Esta mujer tenía un gran desprecio por su esposo. Ella a veces iba a las reuniones donde él predicaba para interrumpirlo. No estoy exagerando cuando digo que tanto los historiadores metodistas como los que no lo son han concluido que una de las razones que John Wesley cabalgó miles de millas para predicar el evangelio por las islas británicas era para no tener que regresar a su hogar.

Este es otro ejemplo. Intente usted descubrir quién es este próximo hombre: fue un hombre extraordinario. Uno de los más grandes; y sin embargo, vivió endeudado todos los días de su vida adulta. A menudo, su matrimonio estaba en problemas. Uno de sus hijos se suicidó. Una vez tomó una decisión que llevó a toda su nación a una crisis económica. Por un largo período de tiempo fue una de las figuras políticas más odiadas de su nación. Aun cuando fue líder de esa nación, él rehusó pasar la noche en una habitación con balcón. ¿Por qué? Porque sufría ataques de depresión y nunca sabía cuándo le iba a tocar el próximo. Él temía que un día la oscuridad vendría a buscarlo y él trataría de saltar hacia la muerte.

Esta persona estaba bastante atormentada, ¿verdad? Era del tipo de persona que usted no querría en su casa ni siquiera para cortar el césped. ¡Imagínese tener una persona con tendencias suicidas alrededor de su casa y con una cortadora de césped! Estoy hablando de Winston Churchill, el líder más extraordinario del siglo veinte.

¿Por qué no se enseñan detalles importantes como estos, toda la verdad acerca de los líderes, en las escuelas? ¿Acaso no ayudaría a los niños con problemas, es decir, a todos, entender que ellos también pueden lograr cosas; que no son un desbarajuste irreparable porque tienen algunos desafíos?

Churchill no fue el único. Uno de los hombres más extraordinarios en la historia estadounidense fue Abraham Lincoln, quien, al menos en la primera mitad de su vida, también luchó con la depresión y en ocasiones quiso suicidarse. Esto no cambió el hecho de que Abraham Lincoln fue un gran hombre, tal vez uno de nuestros presidentes más extraordinarios.

Su mejor amigo dijo que él emanaba melancolía mientras caminaba. Otro amigo cercano de Lincoln dijo que tenía el rostro más triste que haya conocido. Cierta vez Lincoln escribió: «Ahora soy la persona más miserable que vive en el mundo. Si lo que siento fuera equitativamente distribuido a toda la raza humana, no habría ni una cara sonriente en la tierra. Si he de mejorar alguna vez no lo sé; pero temo que no».[33]

La angustia lo persiguió todos los días de su vida. Un hermano más joven murió siendo niño. Su mamá murió cuando él tenía nueve años. Abe ayudó a su papá a construir el ataúd y bajar su cuerpo en la tierra. Su hermana murió a la edad de dieciséis años, y algunos historiadores sospechan que la única mujer que amó también murió joven. Enterró a dos hijos y como presidente sintió la muerte de cientos de miles en la guerra que no pudo prevenir ni llevar rápidamente a su fin.

Fue perseguido toda su vida por el pensamiento de la lluvia cayendo sobre los sepulcros.

No es que sentía tristeza de vez en cuando. Era crónico. Era maníaco depresivo. Él lo llamaba «la hipo», refiriéndose a la *hipocondriasis*, el término que en su tiempo se usaba para describir un número de síndromes, incluso la depresión. Su amigo Joshua Speed dijo que una vez Lincoln «se puso loco como una cabra». Sus amigos tuvieron que «retirar todo lo que tenía filo de su habitación: navajas y otros elementos peligrosos, fue algo terrible».[34]

Lincoln consideró el suicidio tan a menudo que hasta escribió un poema sobre el asunto. Solo unos pocos versos revelan la oscuridad que atormentaba su alma.

Aquí, donde el solitario búho ulula
enviando sus gemidos de medianoche,
es donde los lobos feroces gruñirán sobre mi cadáver,
o los buitres picarán mis huesos...

¡Sí! He resuelto llevarlo a cabo,
y este es el lugar donde lo haré:
este corazón será traspasado con una daga
¡aunque en el infierno me arrepienta!

¡Dulce acero! Sal de tu vaina,
y reluce, habla de tus poderes;
desgarra los órganos de mi aliento,
y extrae mi sangre a borbotones.

¡Lo clavo! Se estremece en el corazón
que me lleva a este final;
extraigo la saeta sangrienta y la beso,
¡mi última y única amiga![35]

Tenga en cuenta que en ese tiempo Lincoln era abogado y miembro de la legislatura de Illinois.

Su tristeza a menudo se hacía ver, a pesar de sí mismo. Una vez él escribió estas palabras a una joven que conoció.

A Rosa:
Tú eres joven, y yo soy mayor;
tú tienes esperanza, yo no.
Disfruta la vida antes de que se enfríe,
recoge las rosas antes de que se pudran.[36]

La jovencita solo le había pedido a Lincoln que firmara su libro de autógrafos. Él no se podía controlar. Estaba envuelto en la miseria.

Con todo, Lincoln no se rindió a sus tinieblas. Él cambió. Creció. Profundizó su fe y aprendió a hacer callar las voces de la muerte que venían a él en la noche. Él venció y después ayudó a la nación a hacer lo mismo.

Lo que más necesitamos saber de la lucha que tuvo Lincoln con la depresión es que lo ayudó a ser un mejor hombre, no la depresión en sí, sino más bien lo que se produjo en Lincoln al pelear contra la depresión.

Él aprendió a dominar sus pensamientos. Le ayudó a disciplinar su mente. Aprendió cómo echar mano de las tácticas para disipar su oscuridad. Le ayudó a tener su famoso sentido del humor. Su depresión le obligó a ver la vida como un observador externo. Esto le dio perspectiva y gracia con un sentido poético que podemos escuchar en sus discursos magníficos.

Más de un historiador puntualizó que tan agonizante como fue la lucha de Lincoln con la depresión, de todas formas nos dio el Lincoln que conocemos.

Esta es una de las grandes verdades de la vida. Los hombres extraordinarios sufren grandemente para poder ser extraordinarios.

Los hombres heroicos primero deben soportar luchas heroicas con ellos mismos. Nunca he leído sobre grandes hombres o mujeres de quienes esto no fuera verdad.

Sin embargo, esto es acerca de algo más que Lincoln. Es acerca de usted y todos los hombres que conoce. Conocemos nuestros defectos, al menos la mayoría de ellos. Constantemente enfrentamos nuestras debilidades y el daño que hacemos. Esto puede llevarnos a dudar de que alguna vez viviremos una vida excepcional. Esto no es verdad. Si la historia nos sirve de guía, luchar con hombría contra nuestras imperfecciones es el inicio de la grandeza.

Yo creo que la mayoría de los hombres hacen las paces con sus defectos. Aceptan sus debilidades tal y como son, así que nunca le declaran la guerra a aquellas partes de ellos mismos que les impiden una vida excepcional; permiten que la mediocridad se convierta en la porción de su vida; solo sobreviven por su única esperanza.

La pregunta que todos enfrentamos no es si tenemos o no defectos. Todos los tenemos. La pregunta es si somos capaces de imaginar una vida más allá de transigir con nuestras imperfecciones; porque ese será el momento que tomaremos los primeros pasos hacia una vida con importancia.

Los verdaderos hombres se conocen a sí mismos, se esfuerzan por entender la singularidad que Dios les dio y su estilo personal de hacer daño, y aceptan que siempre serán una obra en progreso, siempre serán un proyecto de construcción de un solo hombre que nunca llega a su finalización en esta vida. No se desesperan. No se conforman. No esperan la perfección de sí mismos; entienden que el destino está en las manos de Dios. Además, también entienden que estos destinos se forjan en la batalla del hombre contra los enemigos de su alma.

¿QUÉ HARÁ USTED? ¿QUÉ HARÁ PARA PORTARSE COMO UN HOMBRE?

1. Tome inventario de los defectos personales y las imperfecciones en su vida. Tenga la valentía de preguntarle a las personas más cercanas a usted cuáles piensan ellos que podrían ser esos defectos.
2. Vaya a la raíz de estos asuntos. ¿Cuál fue la causa? ¿Las heridas? ¿Las condiciones? ¿Las creencias erróneas? ¿La religión errónea?
3. Con el consejo de sus amigos y pastores, prepare un plan de acción. Declare la guerra a las debilidades y las imperfecciones en su vida. La mayoría de nosotros tenemos demasiados defectos para poder atacarlos todos de una vez, pero al identificar los que más socavan su progreso para ser un hombre genuino, usted habrá establecido un objetivo para su plan de batalla.
4. Advertencia: En un proceso como este podemos enfocarnos en nosotros mismos. En un esfuerzo noble de mejorarnos con la ayuda de Dios podemos pasar demasiado tiempo pensando acerca de nosotros mismos y acabar por construir una fortaleza propia más grande y descalificadora que con la que empezamos. Permanezca enfocado. Identifique los enemigos de su alma. Desarrolle una estrategia contra ellos. Entienda que usted ha comenzado un proceso para toda la vida. Siga adelante con su vida consciente de sus defectos. Esto significa que usted se domina a sí mismo, no un proceso en el que se enfoca aún más en sí mismo. He dicho lo suficiente.

5. Por último, recuerde que las heridas y las imperfecciones nos hacen enfocarnos en nosotros mismos. Vencerlas nos libera para enfocarnos en los demás, y amarlos según la intención de Dios. La medida de su progreso es la manera en que usted aumenta su inversión en la vida de aquellos que le han sido confiados. A medida que Lincoln venció su depresión, se hizo un alma más grande, un visionario más grande, un hombre más enamorado de su nación y, por último, un servidor más eficaz a su pueblo. Esto es exactamente por qué la batalla del hombre de sobreponerse a sí mismo a menudo es lo mismo que la batalla para cumplir con su destino.

«HE FALLADO MÁS DE 9.000 TIROS EN MI CARRERA. HE PERDIDO CASI 300 JUEGOS. VEINTISÉIS VECES SE ME HA CONFIADO PARA TOMAR EL TIRO GANADOR... Y LO PERDÍ. HE FALLADO UNA Y OTRA VEZ EN MI VIDA. Y ES POR ESO QUE TENGO ÉXITO».

—Michael Jordan, tomado de The Sign of the Swoosh *por Robert Goldman y Stephen Papson (1998)*

¿CÓMO MURIÓ USTED?

¿Has abordado el problema que se cruzó en tu camino
con un corazón firme y alegre?
¿O has escondido tu rostro de la luz del día
con un alma cobarde y temerosa?
Un problema puede pesar una tonelada o una onza,
o un problema puede tener el peso que tú le pongas,
y lo que cuenta no es el hecho que has sido herido,
sino cómo lo has tomado.

Has sido golpeado hasta el cansancio. Bien, bien, ¿qué
es eso?
Levántate con un rostro sonriente.
No hay nada en contra de ti por haber caído en tierra,
pero quedarte allí, eso es una desgracia.
Cuanto más duro seas lanzado, más alto será tu
rebote;
¡siéntete orgulloso del ojo ennegrecido!
El hecho que hayas sido vencido no es lo que cuenta,
sino cómo peleaste... ¿y por qué?

Y aunque te vencieran hasta la muerte, ¿qué entonces?
Si has batallado lo mejor que has podido,
si has jugado tu parte en el mundo de los hombres,
el crítico dirá que fue bueno.
La muerte llega arrastrándose, o con un salto,
y sea lenta o ágil,
el hecho que estés muerto no es lo que cuenta,
sino cómo has muerto.

—EDWARD VANCE COOKE

LA VISIÓN

ALGUNOS HOMBRES PARECEN SER DUROS Y AGRESIVOS DESDE que nacen. Para ellos los juegos rudos y musculares y la vida aventurera son algo natural. Otros hombres prefieren lo opuesto. Sienten que sus amigos revoltosos son agotadores y prefieren las cosas más refinadas y delicadas.

También hay otros hombres que tienen toda la razón de vivir remilgados o restringidos debido a su constitución física, la naturaleza de sus habilidades, quizás sus deformidades y, en algunos casos, por las injusticias que se les han hecho. Sin embargo, algunos hombres de esta última categoría poseen una gran fortaleza interior, tienen la hombría en su alma, y están capturados por una visión tan brillante de la hombría heroica que hasta pueden desafiar sus cuerpos y su constitución para alcanzar una vida masculina a pura fuerza de voluntad.

Este fue el caso de Rudyard Kipling, y aunque hoy el estudio de su vida y de sus escritos han pasado de moda, fue un verdadero hombre que conocía la verdadera hombría y utilizó la facilidad que tenía con las palabras para definirla a su generación. Hoy es prácticamente imposible discutir los caminos de la hombría sin referirse a su magnífico poema: «Si...». Es una afirmación poética que define las virtudes de la hombría.

Esta brillante enunciación de la hombría vital vino de la lapicera de un hombre pequeño, nada atlético, con gafas, aficionado a los libros, acosado, inseguro, cuyos amigos suponían que se convertiría en cualquier cosa menos en el profeta de la hombría de su tiempo. ¡Cuánto necesitamos hoy hombres como él! Hombres que rehúsen de que la biología defina su destino y que vivan inspirados por una ardiente visión interior de la vida masculina.

La verdad es que la obra de Rudyard Kipling quizás ralentizó el declive de la hombría occidental, evitando de que caiga en el polvo décadas antes del tiempo problemático más reciente. Sus escritos, poemas, ensayos y obras de ficción, tanto para adultos como para niños, llenaron las últimas décadas del siglo diecinueve y las primeras décadas del siglo veinte con bravuconerías, patriotismo desacomplejado, elogios sobre el valor a todo pulmón y la exaltación de la aventura varonil. Los hombres alrededor del mundo escucharon sus palabras como el llamado del toque de trompeta. Es un llamado que aún hoy, ocho décadas después que el profeta laureado de la hombría partió de este mundo, sigue haciendo eco.

Sus abuelos paternos y maternos eran ministros wesleyanos. Él nació en Bombay, el hijo de un maestro británico y su esposa de talento excepcional. Sus primeros cinco años de vida en esa ciudad bulliciosa estimuló la imaginación de Kipling y lo inspiró para hablar de su madre con afecto todos los días de su vida. Aunque en 1871 todo cambió para él, el año que sus padres siguieron la costumbre de aquellos días dejándolo en Inglaterra con su hermana para ir a la escuela. En los seis años que siguieron, él y su hermana fueron brutalizados estando bajo el cuidado riguroso, legalista, indiferente de una mujer llamada Holloway que vivió en el sur de Inglaterra. Como era de esperar, Kipling nos cuenta la historia mejor:

Vino luego otra casa pequeña, que olía a sequedad y a vacío, y el adiós de mi padre y de mi madre al amanecer, quienes me dijeron que tenía que aprender a leer y escribir pronto para que me pudieran enviar cartas y libros.

Viví en aquella casa cerca de seis años. Era de una mujer que hospedaba a niños cuyos padres estaban en la India. Su marido era un viejo capitán de la Armada... Después el viejo capitán murió, y yo lo sentí mucho, porque era la única persona de aquella casa que se dirigió a mí con palabras amables.

Era una casa llevada con todo el vigor de la Iglesia Evangélica revelada a aquella mujer. Yo nunca había oído hablar del infierno, así que allí me adentraron en todos sus horrores... Yo mismo me llevaba constantes palizas. La mujer tenía un solo hijo, de doce o trece años y tan religioso como ella. Yo era una especie de juguete para él, y cuando su madre me había dado la paliza diaria, él (dormíamos en el mismo cuarto) me tomaba por su cuenta y me daba el resto.

Si se le pregunta a un niño de siete u ocho años lo que ha hecho durante el día (sobre todo cuando está deseando irse a dormir), incurrirá en bastantes contradicciones.

Si cada contradicción se considera una mentira y se le afea en el desayuno, la vida empieza a no ser fácil. He conocido bastantes maneras de intimidar, pero aquello era tortura premeditada, tan religiosa como científica. No obstante, me sirvió para darme cuenta de las mentiras que muy pronto me vi obligado a decir: es, supongo, el origen de una vocación literaria.[37]

La señora Kipling regresó a Inglaterra en 1877 y retiró a los niños del cuidado de Holloway. Después se enteró del trato brutal de su hijo y se preguntaba por qué nunca pidió ayuda. Según explicó en los años posteriores, «Los niños cuentan casi tan poco como los animales, y es que aceptan lo que les ocurre como algo eternamente establecido. También es que los niños maltratados se hacen una idea muy clara de lo que les puede ocurrir si revelan los secretos de una cárcel antes de salir de ella».[38]

En 1878, Rudyard ingresó al United Services College en Westward Ho!, Devon, una escuela diseñada para preparar a los niños británicos para el ejército. Otra vez volvió a sufrir bajo el régimen hostil de los *bullies*. Sus problemas de vista, su constitución delgada, su carencia de habilidades atléticas, y su literaturismo innato obviamente lo hacían un blanco.

> Mi primer año y medio de colegio no fue muy agradable. El acoso más pesado no es tanto el de los chicos mayores, que se limitan a dar una patada y seguir en lo suyo, como el de los pequeños diablos de catorce años que se ponen de acuerdo para arremeter contra un único objetivo... Jugaba al rugby, pero también en esto se me interpuso el problema de la vista. No llegué a jugar ni siquiera en el segundo equipo.
>
> Nadie se atrevió a meterse conmigo una vez que, a los catorce años, empecé de pronto a estar fuerte. Yo tampoco me metía con nadie, no sé si por mi indolencia natural o por las experiencias que había sufrido.[39]

Su graduación en 1882 lo llevó a hacer una evaluación honesta de su vida. Determinó que no tenía la preparación académica para asistir a la Universidad de Oxford y por mucho tiempo había aceptado de que nunca tendría una exitosa carrera militar. Entonces decidió aceptar un trabajo que su padre le consiguió: asistente director del periódico *Civil and Military Gazette* en Lahore, India (ahora Pakistán).

> Así pues, a los dieciséis años y nueve meses, aunque aparentaba cuatro o cinco años más, y con unas patillas que mi madre, escandalizada, hizo desaparecer nada más verlas, me encontraba en Bombay,

> donde había nacido. Volvía a visiones y olores que me arrancaban frases vernáculas cuyo significado ignoraba... Me quedaban aún tres o cuatro días de tren hasta Lahore, donde estaban los míos. Y esos días iban a bastar para borrar mis años ingleses, que creo que nunca han vuelto del todo.[40]

Como es típico de los hombres destinados al poder y la influencia, sus fracasos y retrasos le ayudaron. Su educación inglesa, su amor por la India, su talento para escribir y su sentido poético, todos convergían al tomar el empleo con un periódico obscuro de la India británica. Una educación en Oxford hubiera desnudado sus talentos literarios, y una vida militar lo hubiera endurecido más allá sin remedio. Años después estuvo agradecido de haberse escapado de los dos. Pero estar en la India escribiendo, recuperando la imaginación de su juventud y observando los caminos del hombre desde la perspectiva del periodista: esto fue lo que formó al poeta y narrador Rudyard Kipling.

Había adquirido la robustez de alma que empezó a revelarse en sus escritos. Era valiente, pero con lo impreso, rara vez tuvo que entrar a un campo de batalla contendido. Tenía principios, pero con su lapicera, no en los pasillos del poder de su nación. Era implacable en la búsqueda de la visión de la hombría, pero no en la persecución de los enemigos del imperio. Escribió sobre la palpitante frontera de la India con amor por los caminos de los hombres y la devoción a los ideales de la hombría inglesa, pero él siempre era el observador, rara vez el participante.

Aun así, jugó su papel. Él dominaba una artillería de palabras que usaba para exponer las tonterías y la moral baja que estaba de moda entre los hombres de su tiempo. Comenzó escribiendo artículos y columnas para la *Gazette*. Por otro lado, él experimentaba con historias breves. En una demostración de la laboriosidad que marcaría su carrera, Kipling publicó en 1888 seis colecciones de historias breves que comprobaron que era un maestro del arte. Fue una producción impresionante para un autor que recién empezaba. Poco tiempo después, salió de la India para conocer Estados Unidos, allí conoció a Mark Twain, y luego regresó a Inglaterra en 1889.

Continuó escribiendo a un ritmo asombroso, pero se hizo demasiado para él y sufrió un colapso nervioso. Los doctores le recetaron un viaje por mar, y este le llevó a Australia, Sudáfrica y Nueva Zelandia antes de permitirle visitar la India una vez más. En 1892 se casó y se estableció con su esposa en Vermont. Él vivió alternativamente en Estados Unidos e Inglaterra y, por un breve tiempo, Sudáfrica por el resto de su vida.

El matrimonio lo estableció y lo hizo un escritor aún más deliberado y pensador. Las cuatro décadas desde su matrimonio hasta su muerte, de 1892 a 1936, fue un tiempo de magnífica producción literaria en el que eventualmente ganó el Premio Nobel de Literatura. Él escribió clásicos intemporales como *El libro de la selva, Capitanes intrépidos, Cuentos de así fue, Relatos,* y *Kim.* Sus poesías, que trataban con temas del imperio, heroísmo y los conflictos de la cultura: «Gunga Din», «Recesional», «La carga del hombre blanco», y por supuesto, el magnífico «Si...».

Kipling entendió la necesidad de la fuerza bruta al servicio de la justicia, pero también comprendió la tragedia de la guerra y las imperfecciones de los hombres caídos. Su poesía consiguió captar las dos, y demostró ser capaz de tocar a sus lectores con la capacidad de la virtud humana y también con la tristeza de la muerte y la decadencia.

Su legado se formó no solo por su habilidad de ser escuchado en los tonos genuinos, más específicamente el masculino, de la experiencia humana, pero también por su capacidad casi inhumana de trabajar. Uno de sus contemporáneos, William James Dawson, escribió en la obra titulada *The Making of Manhood* [La formación de la hombría]: «Rudyard Kipling se lo debe todo al trabajo. Él ha vivido una vida muy extenuante. Por cierto, tiene genio, poder imaginativo, observación; pero estos han sido desarrollados en la escuela de duro trabajo... Tenga plena certeza de que detrás de todo gran logro hay mucho trabajo: nada de lo que vale la pena hacer es fácil».[41]

Las palabras de Kipling transcendieron su época y ayudó a enmarcar el significado de la hombría a las generaciones que lo siguieron. Considere estas dos estrofas de «El joven soldado británico»:

Si cae el oficial y el sargento está blanco,
recordad, no se puede abandonar la lucha.
Abrid la formación, echaros y aguantad,
y esperad como lo hace un soldado.
Esperad, esperad, esperad como soldado...

Si caéis heridos en los llanos de Afganistán,
y veis que las mujeres vienen a remataros,
agarrad el fusil y volaros los sesos,

e id con Dios como un soldado.
Id, id, id como un soldado,
id, id, id como un soldado,
id, id, id como un soldado,
¡soldado de la Reina!

Estas palabras son típicas de Kipling; de sus ideales, de su visión de la hombría y de la nobleza del imperio. Y aún así podía escribir frases del realismo crudo y del dolor: «Hay ciertos tiempos en la vida de un joven que por medio de las grandes aflicciones o el pecado, lo que queda del muchacho dentro de él es quemado o cauterizado, por lo que toma un paso hacia el estado de la hombría más penoso».[42]

En sus escritos siempre se presentaba un sentido del honor viril por los dones de los padres. En su poema «The Old Issue», él escribió:

Toda la libertad que tenemos
Todo lo que usamos o conocemos
Ha sido lo que nuestros padres nos compraron
Hace mucho, mucho tiempo.

Lo que Rudyard Kipling enseña, entre muchas otras cosas, es que la hombría rústica y valerosa no es exclusivamente un asunto de fuerza y agilidad, de la habilidad física o la destreza atlética. Primero es una condición del alma: una visión de lo que es y puede ser la masculinidad.

Saber esto nos libera del tipo de hombría trillada que solo trata con la vida del cuerpo y el mundo físico. En cambio, nos enseña que la verdadera hombría crece de la vida interior del hombre. Nace a partir de un sentido de responsabilidad y está orientada a las virtudes que tienen el poder para distinguir la vida del hombre de todas las otras clases de vida sobre la tierra.

A partir de esto, se desarrollan las tareas y las disciplinas masculinas, y nadie expresó esto mejor con palabras que la increíble figura de Rudyard Kipling. Él nos dio el lenguaje para describir y alentar la vida masculina en nosotros mismos, en nuestros hijos y en los hombres de nuestra generación. Al hacerlo también nos pintó una visión que ha inspirado a hombres alrededor del mundo hacia la masculinidad genuina. Él era pequeño, aficionado a los libros, con gafas, alguien que nadie consideraba físicamente masculino. No obstante, él comprobó ser uno de los hombres más masculinos de la única manera que tiene suma importancia: en la masculinidad de la visión que guio su vida y prendió fuego a su mensaje.

¿QUÉ HARÁ USTED?
¿QUÉ HARÁ PARA PORTARSE COMO UN HOMBRE?

1. Asegúrese de no confundir bravuconería física y el tipo de agresión animal como hombría. Si bien la hombría genuina es acerca de tomar acción, no es meramente acerca de la vida física del hombre. Asegúrese de tener clara la diferencia para no estar en desequilibrio.
2. Tome el poema de Kipling «Si...» y léalo pausadamente con sus amigos. Aplique cada principio a su vida. ¿En qué parte se siente usted satisfecho en cuanto a la manera que vive las palabras de este poema? ¿Qué estrofa le produce convicción? No tenga temor de usarlo como una lista para revisar la ética masculina.
3. ¿De qué manera se está asegurando de que su versión de masculinidad no es tan solo un acto, sino que crece de un alma rústica, una visión con principios y una devoción interior a las virtudes masculinas? ¿De qué manera se mantiene inspirado para vivir como un verdadero hombre? ¿Qué está leyendo, mirando, memorizando y aplicando que lo lleve a ser un hombre excepcional? Si usted siente que en esta área es deficiente, use los recursos al final del libro para crear un «programa de actualización» para usted, y como siempre, aliste la ayuda de amigos y mentores.

LOS MÁS VALIENTES SON SEGURAMENTE AQUELLOS QUE TIENEN LA VISIÓN MÁS CLARA DE LO QUE ESTÁ DELANTE DE ELLOS, GLORIA Y PELIGRO POR IGUAL, Y TODAVÍA, NO OBSTANTE, SALEN A ENFRENTARLO.

—*Thucydides, tomado de* La historia de la guerra del Peloponeso, Tomo II

SI...

Si puedes mantener la cabeza cuando todos a tu alrededor
pierden la suya y por ello te culpan,
si puedes confiar en ti cuando todos los hombres de ti dudan,
pero también eres indulgente de sus dudas;
si puedes esperar sin cansarte en la espera,
o ser mentido, no pagues con mentiras,
o ser odiado, no des lugar al odio,
y, aun, no seas demasiado bueno, ni demasiado sabio.
Si puedes soñar, y no hacer de los sueños tu amo,
si puedes pensar, y no hacer de las ideas tu objetivo,
si puedes encontrarte con el Triunfo y el Desastre
y tratar de la misma manera a los dos farsantes;
si puedes soportar escuchar la verdad que has dicho
torcida por rufianes que hacen trampas para tontos,
o mirar las cosas a las que has dedicado tu vida, rotas,
y agacharte y reconstruirlas con herramientas desgastadas.
Si puedes apilar todo lo que has ganado
y arriesgarlo por un golpe de suerte,
y perder, y empezar de nuevo desde el principio
y nunca decir nada de lo que has perdido.
Si puedes forzar tu corazón y nervios y tendones
para jugar tu turno después de que se hayan desgastado.
Y así resistir cuando no te quede nada
excepto la Voluntad que les dice: «¡Resiste!».

Si puedes hablar con multitudes y mantener tu virtud,
o pasear con reyes sin perder el sentido común,
si los enemigos y los amigos no pueden herirte,
si todos cuentan contigo, pero ninguno demasiado;
si puedes llenar el minuto inolvidable
con los sesenta segundos que lo recorren.
Tuya es la Tierra y todo lo que en ella habita,
y, lo que es más, serás Hombre, hijo.

—**RUDYARD KIPLING**

LA HUMILDAD

A menudo se dice que los hombres se sienten avergonzados por sus emociones, que les resultan complejas y enredadas. Hay algo de verdad en esto, para algunos hombres, algunas veces. Pero la verdad es que para la mayoría de los hombres las emociones no son lo primario. Los hombres sienten, pero sus emociones no son lo primero para ellos. Tienen emociones, pero sus emociones vienen después de otros factores en importancia. Esto no los hace insensibles, ni tampoco significa que carecen de emociones saludables. Y, por cierto, no significa que sus maneras estoicas los hacen mejores que las mujeres, o mejores que cualquier otro hombre cuyas emociones están más a flor de piel.

No obstante, esto explica por qué gran parte de la cristiandad, y mucho de lo que la sociedad quiere que los hombres hagan, puede parecerles como un juego de «manejo de emociones». Además, también podría explicar por qué estamos perdiendo hombres de la iglesia y de los roles principales en toda la nación.

Deberíamos mirar a esta dinámica más cuidadosamente. Es la razón de que la mayoría de los ministerios de hombres, grupos de terapia, retiros, libros, e incluso los grupos pequeños fracasan. Alguien en algún lugar quiere que los hombres se sientan diferentes para que luego actúen diferentemente. Quieren que los hombres manejen sus emociones y de ese modo controlar su comportamiento.

Probablemente no sucederá. Y no tiene por qué ser de ese modo.

La razón es la siguiente: los hombres son más propensos a sentir *después* de hacer que sentir mientras van de camino *hacia* el hacer. Es como fueron creados. Está bien, en serio. De hecho, este orden de emociones en relación a la acción puede ser un arreglo mucho más productivo que a la inversa.

Miremos un ejemplo. Considere el asunto del perdón. En la mayoría de las iglesias y los grupos de terapia, a los hombres se les enseña que perdonar es en gran parte sentirse diferentemente hacia alguien que nos ofendió. Debemos arrodillarnos, pedirle a Dios que nos perdone por ser seres tan duros de corazón, y determinarnos instantáneamente a tener pensamientos y emociones diferentes hacia la persona que nos ha hecho daño. Yo creo que esto hace una demanda que es tanto imprudente y antibíblica. Este puede ser el motivo por el que a tanta gente se le hace difícil perdonar y en cambio pasan toda la vida guardando ofensas.

La verdad es que perdonar es más acerca de hacer que sentir. Perdonar, en principio, es una decisión de tratar un mal que nos han hecho de la misma manera que cancelamos una deuda a alguien que nos debe dinero. No retenemos al deudor en la prisión de deudores. Perdonamos la deuda tomando la decisión que ya no nos deben absolutamente nada más: una disculpa, una oportunidad de golpear al ofensor hasta la muerte, el derecho a despotricar contra él o ella. En cambio, *decidimos*, no sentimos, borrar todo registro. Rehusamos hablar mal de la persona que nos dañó. En cambio, actuamos con bondad hacia ellos. Hablamos palabras positivas, cambiamos comportamientos, rehusamos hacer excusas, incluso vamos al ofensor/deudor y *hacemos* lo que sea necesario para reconciliar y hacer lo que demanda una amistad restaurada.

El perdón es acerca de hacer. Es mucho más que luchar con las emociones en secreto. Actuamos. Y, con el paso del tiempo, las emociones llegarán. Rara vez funciona esto a la inversa.

Tengo un amigo que es un líder y un cristiano fogoso y toma muy en serio el mandato de «bendecir a sus enemigos». Si lee algo negativo acerca de él en el diario o si se entera que alguien habló mal de él, nos dice a algunos de nosotros en voz alta: «¡No, él no debería haber hecho esto! Voy a tener que bendecirlo. ¿Ven? ¿Se dan cuenta de lo que este hombre me hace hacer? Voy a tener que mostrarle amor. Aquí viene. ¡Ah, no! Él no está preparado para esto».

Entonces, mi amigo le escribe un cheque al pastor que habló mal de él, o hace algo cordial para el reportero que escribió mentiras acerca de él. A continuación le contaré lo que sucede después. Mi amigo se ensancha en espíritu. La mayoría de la gente que creía estar disgustada con él termina haciéndose amigos con él. Pero nadie se queda sentado esperando que aterricen las emociones. Solo actúan. Las emociones llegan, pero más tarde, después que se hizo todo lo que se debía hacer. Y, generalmente, el reino de Dios sale ganando. Es asombroso verlo.

Esta misma verdad se aplica a los hombres y a la humildad. El aspecto más importante de ser humilde no es que sintamos un cierto conjunto de emociones. El asunto más importante es que nos humillemos, comportándonos con humildad como estilo de vida, confiando que la verdadera humildad viene de «afuera hacia adentro» a medida que el Espíritu Santo honra nuestra obediencia.

Entonces, así es como se ve la lucha por la humildad en mi vida. Le cedo la palabra a otros hombres. Me sujeto a los ancianos. Trato de no alabarme a mí mismo a otros. Fallo. Me arrepiento. Confieso. Ayuno, en parte, para vivir plenamente consciente de mis propias debilidades. Abro mi corazón a la reprensión cuando amigos o líderes ven algo mal en mi vida. Además, me sujeto a mi esposa, no solo porque el apóstol Pablo exhortó a la sumisión mutua entre esposos y esposas en su carta a los Efesios, sino también porque reconozco sus dones superiores. Trato de verme pequeño a mis propios ojos. Rindo ciertos derechos. Todas estas cosas las hago en busca de la humildad sin importar cómo me sienta en ese momento. Francamente, no me «siento humilde» a menudo. Sin embargo, he progresado en la humildad humillándome a mí mismo; esto es, haciendo obras de humildad.

Este enfoque se acerca más al corazón de un hombre. Él fue creado para primero *hacer*. Las emociones siguen después, si es que sucede. Y, le doy gracias a Dios por ello. ¿Dónde estaríamos si los hombres que dieron forma al mundo hubieran esperado primero sentir antes de actuar?

Por cierto, un hombre entero puede sentir y debería tener la esperanza de tener una rica vida emocional. Sin embargo, un hombre entero no considera que las emociones son un mandato para la acción. Él actúa como un mandato para las emociones.

Pocos hombres han modelado las obras de la humildad como el hombre en la historia que les contaré. Durante la primera década del último siglo, una anciana decidió sentarse por un momento en el *lobby* elegante de un hotel en Des Moines. Ella estaba cansada y sedienta. Se dio vuelta al ver un hombre moreno, delgado y muy bien vestido que estaba parado cerca de ella y le pidió que le buscara un vaso con agua. El hombre inmediatamente fue a la recepción del hotel y regresó con el vaso con agua. Entregándoselo a la mujer le preguntó: «Señora, ¿hay algo más que le pueda traer?». La mujer dijo que no y el hombre se fue.

Sé que tal vez no parezca una historia tan importante, pero lo que no le dije es que ese hombre, en ese tiempo, era el hombre moreno más famoso del mundo. Fue el presidente de un instituto prestigioso. Una vez cenó con el presidente de Estados Unidos. Era consejero de reyes y primeros ministros y fue un autor con reconocimiento mundial. No

obstante, cuando una anciana cansada lo confundió de mesero a causa del color de su piel, no se ofendió. Él hizo lo que ella le pidió y se ofreció para hacer aún más. Esa fue una acción extraordinaria de humildad, pero era algo típico en la vida de este hombre. Su nombre fue Booker T. Washington, y la humildad que demostró en ese tiempo era exactamente el tipo de humildad que él le había estado pidiendo por años a su gente y su nación.

El presidente Theodore Roosevelt fue quien invitó a Booker T. Washington a cenar en la Casa Blanca. Roosevelt después escribió:

> En un grado muy extraordinario, él combinó la humildad con la dignidad; y creo que la explicación de su extraordinario grado de éxito en circunstancias muy difíciles se debió al hecho de que la base de su humildad era en realidad una expresión exterior, no una actitud servil para el hombre, sino del hecho espiritual que caminaba humildemente con su Dios.[43]

La acción gentil de Booker T. Washington en el *lobby* de ese hotel en Des Moines era algo que emanó naturalmente de él durante toda su vida. Él nació de una mujer esclava en una granja de Virginia en 1856. En un censo que se realizó algunos años después, fue registrado como «1 niño negro (Booker)—$400». Sobrevivió los horrores de la Guerra Civil con su madre, Jane, y al final de la guerra se mudó con ella a Malden, Virginia Occidental. Allí fue donde se convirtió en el empleado de Viola Ruffner, una exigente maestra de escuela de Nueva Inglaterra que le dio su primera lección sobre la responsabilidad. Años después él atribuyó mucho de lo que llegó a ser debido a su influencia.

Booker asistió a la escuela Hampton Normal School, una institución extraordinaria establecida sobre la idea de que la gran necesidad de los esclavos que habían sido liberados era la necesidad de carácter y no de caridad. En ese tiempo, este era un mensaje que gran parte de los afroamericanos no aceptaba. Booker asimiló esta filosofía en lo profundo de su ser, se graduó de Hampton como un estudiante estrella y, después de enseñar allí por un tiempo, se mudó a Alabama para abrir una nueva escuela chárter llamada Tuskegee Normal and Industrial Institute.

La escuela se convirtió en el vehículo para la filosofía audaz y polémica de Booker. Él creía que el carácter, la prolijidad, la laboriosidad, la habilidad, la piedad y la paciencia serían significativos para el avance de la población morena de Estados Unidos. Si los morenos se hacían valiosos para los blancos, vendría la equidad. Guiado por esta promesa, Washington diseñó a Tuskegee para la enseñanza de oficios desde hacer ladrillos a mecanografía, restaurar la prioridad del carácter y grabar los valores de la cristiandad en el alma de sus estudiantes.

Él creía que las riquezas que no eran ganadas dañarían a su raza y los dejaría para siempre como una clase marginada. Él estaba persuadido de que «el hábito de ahorrar, el amor al trabajo, la economía, adquirir propiedades y las cuentas bancarias» conducirían al ascenso de su gente. Fue el mensaje que él predicó a la nación y el principio rector de su obra en Tuskegee.

Muchos morenos, como el erudito de Harvard W. E. B. DuBois, discrepaban. Ellos resentían profundamente el daño que se les había hecho por la sociedad blanca y procuraban el proceso político y social como fuentes de ayuda para el progreso de los morenos. Ellos tenían más confianza en las leyes que en los mercados y en los tribunales que en las intenciones amables de los blancos estadounidenses.

Al centro de la visión que Booker T. Washington tenía para los morenos estaba la confianza en el poder de la humildad. Él acordó con William Mountford, quien escribió: «De lo profundo de nuestra humildad podemos ver la grandeza de nuestro destino».[44] Washington no era cobarde ni tampoco creía que la humildad era la mejor postura para su gente por temor a que las cosas tomen otro curso. En cambio, él creía que la humildad ganaba el favor de Dios, llevaba al hombre a vivir de manera simple y genuina en lugar de impresionar, y lo libraba de la vanidad para que pudiera conocerse a sí mismo y conocer al mundo tal y como es, en lugar de cómo hubiera deseado que fuera.

Washington conocía la tentación del esclavo liberado. Habiendo sido subyugado por tanto tiempo, era natural que un hombre liberado de las cadenas viviera para el placer, el exceso y un tipo de ostentación resentida. Booker T. Washington enseñaba que los exesclavos que vivían así simplemente se estaban haciendo cadenas para sí mismos, cadenas para el alma y el espíritu, cadenas a las deudas y al materialismo. Él creía que había sido enviado como profeta para exhortar a su gente y dirigirlos hacia un camino más alto.

La historia podría concluir que estaba equivocado acerca de muchas cosas. Ciertamente había sobreestimado las amables intenciones de la sociedad de los blancos. Hay algunos blancos que odian a los negros solo por el color de su piel, sin importar cuán talentosos, productivos y educados pudieran ser como morenos. Esta verdad, que se hizo evidente a Booker más tarde en la vida, fue una tragedia desgarradora para él.

Sin embargo, tuvo razón en cuanto al valor que tiene la humildad en la vida del hombre. En este aspecto fue un profeta para los hombres y mujeres de todas las razas y colores. El hecho de que murió en 1915, justo cuando Estados Unidos entraba en una sangrienta guerra europea y se estrenaba una película titulada *El nacimiento de una nación,* que retrataba a los negros como los criminales y al Ku Klux Klan como los libertadores (¡y se proyectó en la Casa Blanca de Woodrow Wilson!) indicaba cuánto se necesitaba escuchar el mensaje de Booker T. Washington a principios de ese siglo. Fue un tiempo en que la gente hacía oídos sordos, por lo que se hizo el siglo más sangriento y trágico de la historia. Aun así, antes de que todo empezara, Booker T. Washington urgía a que vivieran vidas simples, productivas, justas y permeadas por la humildad. Algo que el señor Washington había demostrado en aquel hotel de Des Moines.

Booker T. Washington tiene muchas cosas que enseñarnos como hombres. Ciertamente, la humildad es la fuerza más grande y poderosa entre ellas. Su marca de humildad, como dijo el presidente Roosevelt acerca de él, no era el temor o la inseguridad. En cambio, provenía del anhelo de conocer en verdad el mundo y vivir una vida genuina libre de la vanidad enceguecedora, el materialismo empobrecedor y la pesada carga de la deuda.

No obstante, el señor Washington también enseñó que el camino para ser humilde es *obrar* con humildad. Actúe con humildad, él enseñó, y el corazón humilde se manifestará después. Esta es una buena noticia para los hombres que se esfuerzan por ser verdaderos hombres. Un carácter íntegro no está fuera de nuestro alcance. Organizar nuestras emociones no es una batalla para enfrentar toda la vida. En cambio, es una decisión de actuar y hacerlo continuamente, entendiendo que las emociones usualmente son un resultado y no una causa.

Esto es algo liberador. Un hombre puede decirle a su hijo así como otros hombres pueden decirse entre ellos: «Ve y sé humilde», y estas palabras no requieren de ninguna necesidad de lidiar con las emociones. Solo haga lo que es correcto; lo que es humilde. Dios verá y obrará en usted para ver su voluntad cumplida.

Actúen, mis amigos. *Obren*. Es la manera de los hombres.

¿QUÉ HARÁ USTED?
¿QUÉ HARÁ PARA PORTARSE COMO UN HOMBRE?

1. Tome en cuenta las áreas de su vida en las que estuvo tratando de perfeccionar la virtud controlando sus emociones en lugar de actuar, es decir, hacer lo que debe hacerse. ¿En qué manera le impidió? ¿Qué acciones puede tomar para empezar a *obrar* humildemente, que no haya pensado antes?
2. Haga una lista de las maneras prácticas en que usted puede humillarse y que sus amigos le hagan rendir cuentas de que las está haciendo. Al mismo tiempo, memorice las escrituras que prometen que el Espíritu Santo producirá en su vida el fruto de la humildad. La verdadera humildad vendrá como resultado de su obediencia y la fidelidad de la obra del Espíritu Santo en usted. Aférrese a esta confianza, ore seguido por ella y *actúe*.
3. ¿Hay algún área de su vida donde usted haya hecho daño por la arrogancia y el orgullo? Por supuesto, a través de los años, todos hacemos daños con el orgullo, pero ¿existe alguna área en su vida ahora que continúe siendo así? Aborde la cuestión. Hágale frente. Pida perdón. Arrepiéntase. Confiese. Llame a su banda de hermanos para que lo ayuden.
4. Por último, no ignore las emociones saludables. En este libro insto a que tome acción sobre las emociones, pero también insto que en la prioridad correcta las emociones son importantes. No ignore la importancia de un alma y emociones saludables. Le sugiero que todos los días ore el Salmo 23.3.

Señor, por favor, sé mi buen pastor y restaura mi alma. Si usted hace esto, estará enlistando la ayuda de Dios para sanar cualquier daño emocional que haya sufrido y restaurarlo conforme a su diseño original.

«CADA VEZ MÁS ENCUENTRO QUE LA VERDADERA HUMILDAD CONSISTE EN SER SUMISO CON AQUELLOS QUE ESTÁN UN POCO ENCIMA O DEBAJO DE NOSOTROS. ¡OH, CUÁNDO LLEGARÉ A REGOCIJARME POR LOS DONES Y LA GRACIA QUE HAY EN OTROS TANTO COMO SI FUERAN LOS MÍOS!».

—George Whitefield, tomado de Sketches of the life and labours *del Rvdo. George Whitefield (1850)*

EL SACRIFICIO

HEMOS CUBIERTO BASTANTE TERRITORIO EN LA EXPLORACIÓN de la hombría para que como hombre usted forme una de las conclusiones más importantes de su vida. Y es que usted ha sido llamado al sacrificio. No hay otra manera de explicarlo con más claridad. La verdadera hombría, ser un hombre de verdad, un verdadero hombre, es sacrificarse. Hacer las cosas que hacen los hombres, cuidar de sus campos, formar verdaderos hombres y vivir para la gloria de Dios; en otras palabras, es cumplir las máximas sobre la hombría: usted debe sacrificarse.

¿Sacrificar qué? Todo. Lo que sea. Excepto su integridad moral o sus compromisos con Dios, pero ciertamente su comodidad, sus derechos, su tiempo, su dinero, su atención y su energía. Usted tiene que sacrificar la prioridad que tiene consigo mismo.

En este libro he intentado usar el ejemplo de hombres en la historia en lugar de las afirmaciones de la Escritura simplemente porque quiero que usted experimente la hombría por ejemplo en lugar de precepto. Ahora bien, considere el poder de algo que dijo el apóstol Pablo a los hombres: «Esposos, amen a sus esposas, así como Cristo amó a la iglesia y se entregó por ella» (Efesios 5.25, NVI). Gran parte de este misterio intentaremos entender y vivir por el resto de nuestras vidas.

Una cosa es cierta: debemos entregarnos. Como lo hizo Jesús por su iglesia. Murió para salvarla. Murió para rescatarla. Murió para presentarla pura delante de Dios. Eso, caballeros, es el llamado de un hombre.

¿No es curioso que el estereotipo del hombre moderno es exactamente lo opuesto a esto? Usted ha visto este estereotipo reflejado en la pantalla. El hombre se interesa solo por sí mismo. Su comida, sus pasatiempos, sus adicciones, sus debilidades, y sus vanidades dominan su vida y la de su familia. Es un gran agujero negro de sí mismo, un gigantesco socavón apestoso de intereses propios.

Con demasiada frecuencia esta es la verdad acerca de los hombres, pero no es a lo que han sido llamados a ser. Pero permítame contarle una historia que le conmoverá de la manera que un hombre vivió el sacrificio. Le asombrará y podría cambiar la forma que usted vive.

Permítame presentarle a un héroe de quien nunca haya escuchado. Creo que tal vez haya sido un de los hombres más grandes que haya vivido.

Su nombre era Witold (Vee-told) Pilecki. Nació en Rusia el 13 de mayo de 1901. Estas palabras le hubieran hecho hacer una mueca de dolor. Su familia tuvo que ser trasladada de su amada Polonia a Rusia como castigo por la sublevación polaca de los 1860. No había otros patriotas más apasionados que la familia Pilecki.

Witold representaba el alma de los polacos. Él tocaba la guitarra, pintaba, escribía poesías, componía canciones y estaba completamente entregado a su fe católica, y soñaba con la libertad de su patria, Polonia. Además, era valiente con ferocidad. Siendo aún adolescente, se unió secretamente al equivalente polaco de los *Boy Scouts*, aunque había sido prohibido por la Rusia soviética. Él peleó en las unidades de guerrilla durante la guerra polaco-soviética que siguió a la Primera

Guerra Mundial y tomó sus exámenes para graduarse del secundario solo después que el conflicto había terminado. Asistió al colegio y luego al entrenamiento de oficiales, lo cual le permitió obtener su comisión de teniente del ejército polaco en 1926.

Después de esto la vida transcurrió rápidamente para él. Se casó, tuvo dos hijos, heredó de su familia una pequeña finca en Bielorrusia, y ayudó a desarrollar las unidades paramilitares de su región. Fue tan eficaz que lo premiaron con la Cruz de Mérito de Plata en 1938. El año siguiente se inició la Segunda Guerra Mundial.

Los alemanes invasores derrotaron a la Décima Novena División de Infantería el 6 de septiembre. Él peleó en varias unidades de guerrilla mucho tiempo después de que el gobierno polaco entregó el país, y tomó exilio en París. Witold se quedó en su patria y ayudó a organizar grupos de resistencia clandestinos: el Ejército Secreto Polaco (Tajna Armia Polska, o TAP). El TAP estaba fundamentado en principios cristianos, no tenía afiliación política, y llegó a tener doce mil hombres.

No pasó mucho tiempo hasta que la TAP recibió un informe de inteligencia que en la prisión del campo de Auschwitz estaban asfixiando a las personas con gas. Asumiendo de que los aliados liberarían inmediatamente el campo de prisión, Witold y sus colegas empezaron a planear su colaboración. Para su espanto, pronto se dieron cuenta de que los aliados no tenían ningún plan a esos efectos. De hecho, la TAP no estaba segura si los aliados siquiera sabían de la existencia del campo.

La TAP empezó a prepararse para liberar a Auschwitz por cuenta propia. Fue en esta oportunidad que Witold inscribió su nombre en el Salón Mundial de los Héroes.

El 19 de septiembre, 1940, Witold Pilecki metió papeles de identidad falsos en su abrigo, se despidió con un beso de su esposa y sus hijos, e intencionalmente caminó hacia un control de carreteras nazi. Él tenía una misión, la misión de ingresar a Auschwitz. Una vez encarcelado su intención era filtrar informes de inteligencia del campo al movimiento de resistencia polaca, organizar un sublevamiento interno y elevar la moral de los presos polacos.

Quiero volver a repetirlo. Witold Pilecki se hizo arrestar y enviar voluntariamente a Auschwitz, el peor de los campos de exterminación nazi.

Los informes incompletos que logró hacer salir de allí son una indicación de los horrores que soportó. Están llenos de la carnicería nazi, relatos de crematorios, experimentos pseudomédicos, y el deleite nazi de matar a los polacos.

Witold estuvo encarcelado en Auschwitz por 947 días, más de dos años y medio, y fueron días llenos de hambruna, golpizas y torturas. Y aun así también hubieron días de éxito, porque cumplió todos los propósitos que le asignó la resistencia polaca. Y luego escapó. Si después de esto él no hubiera hecho nada por el resto de la guerra, nadie hubiera pensado mal de él. No obstante, se unió a la unidad británica y continuó peleando contra los nazis. Fue capturado en una sublevación sucedida cerca de Varsovia y quedó retenido en un campo de prisioneros de guerra hasta que la guerra terminó.

Mientras que gran parte del mundo celebró el fin de la Segunda Guerra Mundial, los polacos patriotas rápidamente se dieron cuenta de que habían peleado contra la opresión nazi, solo para acabar bajo el gobierno soviético que era igualmente malvado. Witold, el patriota eterno, se lanzó a esta nueva pelea. Volvió a unirse al movimiento clandestino, aceptando misiones peligrosas para reunir informes de inteligencia sobre las operaciones soviéticas. Eventualmente fue capturado por los polacos comunistas que estaban aliados con la Unión Soviética. Fue interrogado sin parar, torturado al punto de la muerte, y finalmente declarado culpable en una farsa de juicio en la que recibió tres sentencias de muerte.

Justo antes de su ejecución, escribió un poema que incluye la estrofa: «Aunque perderé mi vida, preferiría sea así, que vivir y cargar una herida en mi corazón». Esa «herida» era saber que otro tuviera que sufrir por su espionaje. Fue ejecutado el 25 de mayo, 1948, en la Prisión de Mokotów en Varsovia. Los detalles de la heroicidad de Pilecki no pudieron emerger hasta después del colapso del comunismo en 1989. En 1995, recibió en forma póstuma la Orden Polonia Restituta y en 2006, el Orden del Águila Blanca, la condecoración más alta de Polonia.

Podemos encapsular su legado en las palabras que a menudo hablaba como su credo personal: *Bóg, Honor, Ojczyzna*—«Dios, honor y patria».

Él vivió su vida para su pueblo y lo entregó todo una y otra vez. Fue uno de los héroes más grandes de Polonia, pero además es también uno de los ejemplos más grandes de abnegación que podamos conocer. Escoger a Auschwitz con todas sus torturas infernales casi requería una renuncia absoluta a sus preferencias personales. Esto era cortar lazos con todo lo que amaba en esta vida. En esencia es ser hombre y patriota. Witold Pilecki es un símbolo duradero de los dos.

Tal vez nunca se nos pedirá que nos hagamos encarcelar. La mayoría de nosotros jamás formaremos parte de un movimiento de guerrilla durante una guerra. Tal vez jamás se nos pida arriesgar nuestras vidas.

Sencillamente, por el mandato a ser hombres se nos pide que renunciemos a nuestros derechos y comodidades por una causa superior: la responsabilidad por todo lo que se nos entregó como hombres. Por supuesto que nuestros derechos vienen después de los requerimientos de Dios, pero también vienen después de lo que sea necesario para servir a nuestra esposa, invertir en la vida de nuestros hijos, tomar una posición firme para la justicia en nuestras comunidades, o atender cualquier otra cosa que esté dentro del campo que se nos asignó.

Ser un hombre es un privilegio, no un título. Es renunciar a nuestras prioridades. Es entregar nuestra vida por los demás, no física sino interiormente: nuestras preferencias, placeres y, a veces, nuestros sueños personales. Así como Witold Pilecki recibió sus medallas, las nuestras las recibimos en la vida que ofrecemos a Dios; las vidas por las cuales hemos sangrado, sudado, orado y por quienes nos hemos entregado. Esto es lo que significa ser un hombre.

¿QUÉ HARÁ USTED?
¿QUÉ HARÁ PARA PORTARSE COMO UN HOMBRE?

1. Asegúrese de tener en claro que está renunciando o lo que significa entregar su vida. Hable esto con sus amigos, medite este punto con las Escrituras y piense en los ejemplos que ha conocido.
2. ¿En qué momento alguien renunció a su privilegio o preferencia por usted en una manera que haya cambiado su vida? ¿Qué fue lo que requirió? ¿Qué empoderó a esa persona para hacerlo?
3. Haga inventario de su vida y de las vidas en el campo que le fueron asignadas. Evalúe cómo usted entregó su vida y cómo debería hacerlo por ellos. ¿Qué significa hacer esto? Para usted, ¿quiénes son un buen ejemplo de esto? ¿Qué debería esto producir en las vidas de aquellos por quienes usted es responsable?
4. Escudriñe más profundamente el ejemplo de Cristo Jesús y la entrega de su vida, no solo por medio de su muerte, sino también cuando dejó su privilegio y rango. ¿Qué ejemplos puede extraer personalmente? ¿Cómo puede este ejemplo empoderarlo para los sacrificios que ha sido llamado a hacer?

«UNA RAZA, ASÍ COMO EL INDIVIDUO, SE ELEVA A SÍ MISMA ELEVANDO A OTROS».

—Booker T. Washington, tomado de la «Carta abierta» a la Convención Constitucional de Louisiana, 1898

EL MILÉSIMO HOMBRE

Un hombre entre mil, dijo Salomón,
es más cercano que un hermano.
Buscarlo por media vida no es un esfuerzo en vano
si lo consigues antes que otro.
Novecientos noventa y nueve dependen
de lo que el mundo ve en ti,
pero el Hombre Mil será tu amigo
aunque el mundo entero esté contra ti.

No son tus promesas, oraciones o proezas
lo que hará que a ti se acerquen.
Los novecientos noventa y nueve te juzgarán
según tus apariencias, tus hechos o tu gloria.
Pero si él te encuentra y tú lo encuentras a él.
El resto del mundo no importará;
porque el Hombre Mil se hundirá o nadará
contigo sin importar cuáles sean las aguas.

Puedes usar su billetera sin decir nada,
de lo que él usa la tuya para sus gastos,
y se reirá y reunirá contigo en tu diario andar
como si nunca hubiera sucedido una prestación.
Novecientos noventa y nueve llaman
por el oro y la plata que tratan de ganar,
pero el Hombre Mil vale por todos ellos
porque puedes mostrarle tus emociones.

Sus errores también son tuyos, y el bien que hizo también,
a tiempo o fuera de tiempo.
¡Ponte de pie y defiéndelo a la vista de todos los hombres,
por lo que es tu única razón!
Los novecientos noventa y nueve no pueden soportar
la vergüenza o la burla o la risa,
pero el Hombre Mil a tu lado estará
al pie de la horca y después también.

—**RUDYARD KIPLING**

LA PRESENCIA

HAY UNA CARACTERÍSTICA DE LA HOMBRÍA QUE A TRAVÉS DE los años observé con una fascinación total. Tal vez pocas veces escuchó acerca de ella porque es muy difícil describirla y no es tan fácil de vivirla. Pero aun así, es uno de los grandes poderes que tiene el hombre para hacer el bien que ha sido llamado a hacer.

Recuerde que una de las máximas de la hombría que estamos digiriendo en estas páginas es que «Los verdaderos hombres cuidan sus campos». El aspecto sobre la hombría que estoy por explicar aquí nace de esta máxima, que es la segunda de nuestros cuatro pilares. He aprendido que cuando un hombre es un verdadero hombre y cuida sus campos con devoción y para la gloria de Dios, recibe tanto la autoridad como la gracia para ese campo. Tiene peso en su campo y lo ocupa para el bien de otros. Está en medio de su campo y de alguna manera lo llena todo al mismo tiempo. Tiene rango. Su espíritu lo respalda.

Me gusta decirlo de esta manera: *los verdaderos hombres irradian.*

Al decir esto no me refiero a nada en el ocultismo ni en las páginas de la ciencia ficción. Simplemente digo que los hombres que cuidan sus campos irradian una gracia que han recibido —¿qué es? ¿poder? ¿protección? ¿un campo de fuerza benévolo?— para el bien de todo lo que está bajo su responsabilidad.

Esto es más fácil ilustrar que describir. En los días que habitualmente recogía a mis hijos de la escuela, mi hija notó algo y me lo mencionó varias veces. Debe saber que mi hija es una auténtica belleza. En ocasiones cuando entraba en su escuela en lugar de esperarla en el estacionamiento, seguido la veía hablando con un muchacho. Sin duda esto no era nada inusual. A veces el muchacho tendría su espalda hacia mí, y Elizabeth, que estaba frente a él, me podía mirar por encima de los hombros del muchacho.

Ella me dijo que casi siempre, cuando yo entraba al lugar y empezaba a caminar hacia ella, había algo que cambiaba acerca de la manera en que el muchacho se acercaba a ella. No era que el muchacho estaba haciendo algo indebido; porque ella no se lo permitiría. Lo que sucedía era que el muchacho se volvía más dócil, un poco más respetuoso y hasta un poquito tímido. Elizabeth sabía que el muchacho no me podía ver, pero ella creía que de alguna manera él percibía mi presencia.

Ahora bien, yo soy el padre de Elizabeth. Todo lo concerniente a ella tiene que ver conmigo y está en mi campo de responsabilidad. Claro que el muchacho sentirá algo diferente cuando yo estoy allí y él está hablando con mi hija, aunque no sepa de que estoy allí. Yo irradio autoridad y protección, particularmente hacia Elizabeth, mi única hija.

Se me contó acerca de otra poderosa ilustración sobre esta verdad cuando estuve integrado en el 2005 con nuestras tropas estadounidenses en Irak. En ese tiempo habían sucedido unos escándalos de abusos a prisioneros que involucraban a los soldados, y pasé un tiempo extenso con algunos de los capellanes que habían ayudado a corregir esas situaciones. Los capellanes a menudo hablaban de un ministro de «la presencia». Por ejemplo, a través de los años aprendieron que si un capellán está presente cuando los prisioneros eran interrogados o disciplinados, rara vez sucedía el abuso.

Esto no tiene nada que ver con el hecho de que los capellanes de las fuerzas armadas de Estados Unidos son oficiales. Cuando sucedieron los abusos había oficiales presentes. No era un asunto de rango. Era acerca de la presencia moral y espiritual que los capellanes llevaban al lugar. Ellos cambiaban el medio ambiente invisible. Los guardas comentaban esto reiteradamente. Por lo general, los capellanes no dicen ni una palabra, y a menudo los interrogadores o los encargados de los prisioneros ni siquiera habían visto al capellán cuando el comportamiento empezaba a cambiar. Cuando los capellanes estaban presentes simplemente había un poder benévolo presente. La manera informal que identifico esta dinámica es que los capellanes irradiaban con su presencia.[45]

Creo que esta es una característica de la hombría justa.

El ejemplo más dramático de este irradiar fue el que presencié un inolvidable día que pasé con el legendario entrenador John Wooden del equipo de baloncesto de UCLA. Sucedió totalmente por accidente. Durante mis días universitarios asistí a una universidad bastante reconocida, y una mañana de la primavera de 1978 fui despertado cuando me llamó el vicepresidente de relaciones públicas de la universidad diciéndome que John Wooden quería un tour del campus y si lo podría acompañar.

Quizás podría imaginarse cuán ansioso grité, «¡Sí!».

Yo había seguido con mucho entusiasmo la carrera del entrenador Wooden, había leído su maravilloso libro *They Call Me Coach* [Me llaman entrenador], y traté de vivir según su filosofía. Quiero decir que no había siquiera un día que no pensara en una de sus máximas o que no me automotivara recordándome una de sus historias. Sentí que pasar una hora con este edificador de jóvenes era un regalo del cielo.

Casi me acuerdo de todo lo que sucedió ese día. Él estaba con su dulce esposa, Nell, y habrán sentido que yo era un estudiante universitario que extrañaba su hogar. Me pusieron bajo sus alas por unas seis horas, y eso me cambió en maneras que aún estoy descubriendo.

No podía creer mi buena suerte. Allí estaba, dando vueltas por el campus de la escuela con los carritos de golf de la universidad con John Wooden y su esposa mientras ellos me hacían preguntas y también me daban consejos. El entrenador hasta habló conmigo acerca de Bill Walton y Kareem Abdul Jabar como si todos fuéramos amigos íntimos. Yo tenía diecinueve años y, desde el momento que el entrenador me permitió entrar en su mundo, no paraba de hablar, pero él no me mostró otra cosa que gracia.

Le contaré a mis nietos de aquel día, pero por lo que más ansioso estoy es que ellos entiendan lo que era el poder de la presencia de John Wooden. Él era un hombre consagrado a Dios. Se esforzó mucho para superar su trasfondo y sus fracasos, y con el tiempo dirigió a muchos competidores feroces en competencias atléticas épicas. Uno podía sentirlo. Todo. Irradiaba de él. Había una autoridad de acero envuelta en la ternura de un abuelo, y uno no sabía si abrazarlo o ponerse firme en actitud de atención.

Y yo no era el único que sentía esto, a pesar de ser un adolescente deslumbrado. Recuerdo que caminamos a las instalaciones deportivas de la universidad y nos paramos a una distancia de la cancha central para mirar las prácticas de baloncesto. No pasaron cinco minutos hasta que uno de los jugadores principales empezó a caminar hacia nosotros. No estábamos parados en dirección al vestuario ni de algo que los jugadores necesitaran. Él fue atraído. Años después, mirando la película *El campo de los sueños*, entendí lo que quiso decir uno de los personajes cuando dijo: «La gente no sabrá por qué viene. Pero vendrá».

Sé que parece extraño, pero este jugador se encaminó hacia nosotros sin ningún propósito, y en medio de una práctica. Se quedó perplejo cuando vio al entrenador de baloncesto más famoso del mundo parado a pocos metros de la cancha.

Esto sucedía una y otra vez. El entrenador entraba a un salón, por así decir el comedor principal de los estudiantes universitarios, y se ponía a un costado alejado de los pasillos. Yo notaba que había gente que se enderezaba en sus sillas y empezaba a buscar a su alrededor qué era lo que los hacía sentir diferentes. Jamás había visto algo así. Desde entonces lo he notado muchas veces y ahora sé lo que es.

Lo que sentí, y lo que casi todos los que estaban cerca sentían, era la emanación de vida que vivía el entrenador. Era como si todo lo bueno y noble de toda su experiencia de vida y su capacidad de mando irradiaban de su espíritu.

Si la dinámica que describo solo se acerca un poco a la realidad, con razón tanta gente sentía esa fuerza poderosa fluyendo de este hombre. Él nació en el mundo de Indiana de 1910. Estando entre gente devota al baloncesto, el joven Wooden dirigió a su equipo de la escuela secundaria a las finales del campeonato estatal por tres años corridos. Él asistió a la Universidad de Purdue, donde fue un jugador estrella, el primero en ser nombrado tres veces All-American consensuado. Él había jugado profesionalmente después de la universidad antes de que la marina lo llamara y pasara tres años como un oficial joven durante la Segunda Guerra Mundial.

Cuando regresó a Indiana, fue entrenador de baloncesto en Indiana State, acumulando campeonatos y donde creó una filosofía de realización que comenzó a rehacer la vida de muchos de sus jugadores. Finalmente, en 1948, se convirtió en el entrenador principal de la Universidad de California en Los Ángeles. A partir de ese año hasta su retiro en 1975, una carrera de veintisiete años, John Wooden ganó diez campeonatos nacionales. Fue premiado con todos los honores que se le pueden otorgar a un entrenador de baloncesto. Desde entonces jamás hubo uno como él. En los nueve años después de que el entrenador John Wooden se retiró, cuatro hombres trataron de reemplazarlo. Todos fracasaron. Muchos lo han nombrado el entrenador más grande de la historia. Falleció el 4 de junio de 2010, cuatro meses y diez días antes de cumplir los cien años.

¡Con razón se sentía la presencia del espíritu del hombre antes de verlo! ¡Con razón un día en su presencia producía cambios en la vida! Y yo no fui el único en experimentarlo. Mi historia predilecta acerca de él era una que contaba y se reía. Parece ser que un jugador estrella se fue de UCLA y del tutelaje del entrenador Wooden para jugar profesionalmente. A este hombre le fue muy bien y se hizo tanto rico como famoso. Él apreciaba la influencia de Wooden y a menudo lo decía, pero también empezó a verse a sí mismo como un par.

Después de algunos años, este famoso profesional regresó a UCLA y pasó tiempo con su viejo mentor. Cuando el jugador llegó, le anunció a Wooden de que él sentía que sería más apropiado que lo llamara a Wooden por su primer nombre. Después de todo, este jugador había llegado a ser un hombre de estatus. Así que durante las primeras horas de su visita, él decía: «John esto», y «John aquello». El jugador desgastó el primer nombre del entrenador para hacer valer su propio sentido de importancia.

El entrenador era agraciado y prestaba atención, como lo hacía con sus jugadores y con el guía turístico de campus de diecinueve años. Pero todo se volvió demasiado para el jugador visitante. Por último, se derrumbó y exclamó: «¡No lo puedo hacer, no puedo!».

«¿Qué es lo que no puedes hacer?», preguntó Wooden.

«No puedo llamarlo por su primer nombre. ¡No es correcto! Usted es el entrenador, y siempre lo será. El hecho de que intenté llamarlo John fue un asunto de orgullo. Perdóneme».

Después, este mismo jugador dijo: «Uno siente que de este hombre emana una cierta autoridad y lo último que se desea hacer es ponerse confianzudo. Uno siente el deseo de hacer lo que él dice, un deseo de agradarlo. Por poco sobreviene un deseo de adorarlo, pero definitivamente llamarlo John no es algo que uno tiene el deseo de hacer».

En mi reducido entendimiento adolescente yo supe lo que este rico jugador profesional de fútbol dijo. John Wooden irradiaba algo poderoso, algo que emergía de su vida, algo que lo rodeaba a uno, lo atraía y lo hacía una mejor persona. Estar con él era estar en el mundo de él, aunque uno estuviera viviendo en el mundo propio. Él fue un gran hombre, de gran espíritu, y uno lo podía sentir cuando estaba en su presencia.

Caballeros, les cuento esta historia no para presumir acerca de mis vivencias con un hombre que probablemente después de cuarenta y ocho horas se olvidó de mi nombre. Se lo cuento porque creo que todos estos ejemplos, en particular el del entrenador Wooden, marcan criterio para la hombría correcta.

Ahora, no seamos tontos. No se siente con su familia mañana por la noche intentando hacer salir de usted una fuerza invisible como un niño de cuatro años haciendo fuerza para aliviarse en el inodoro. No, si su versión de hombría tiene principios y es santa y está enfocada en el bien de los demás, irradiará por sí misma como lo hace.

Algunos podrían preguntar que si esto es cierto, ¿para qué me molesto en mencionarlo? Lo hago porque deseo urgirles de que la verdadera hombría es la acción; además, quiero que usted reconozca de que una vez que empieza a actuar como hombre, usted tendrá la presencia que viene con ser un hombre, y que esa presencia es más importante, más impactante que el mucho hacer de cosas insignificantes.

Cuando usted es un hombre justo y diligente que ocupa su lugar en su campo, impidiendo el mal solo por estar presente, su hijo no se pasará de listo con su esposa. Algo adentro del muchacho y en el mundo invisible que trate de influenciarlo sabe que usted se lanzará sobre él como jaguar de un árbol para proteger a su esposa y asegurar la disciplina, no con violencia, sino con una autoridad que es justa. Y algo en su hijo sabe que él también está bajo esa misma esfera de autoridad y protección.

Nadie maltrata a su esposa cuando usted está allí. Ella es su reina. Usted ha pasado años amándola, atendiéndola, sirviéndola y guiándola. Este es el mensaje para todo lo que la quiere perjudicar: *No.* Punto y aparte. Es un simple... *No. Yo estoy aquí. Ella es mía. Yo soy de ella. He orado y ayunado y estado a su lado. No tengo ninguna inseguridad sobre esto. Solo un sentido calmado de lo que es correcto. No se metan con ella. Estoy parado aquí a su lado, y el Dios que la ama está conmigo. Apártense.*

Y es así como funciona. En su hogar, su matrimonio, su paternidad, en su iglesia y en su comunidad. Los hombres se ponen de pie. Los hombres irradian. Los hombres cargan algo santo y fuerte para el bien de todo lo que les ha sido asignado. No es automático. Viene por ejercitar la hombría a través de los años, de la misma manera que John Wooden irradiaba la esencia de aquello que se convirtió a través de los años.

Pero viene. Y, Dios mío, ¡qué cosa bella!

¿QUÉ HARÁ USTED?
¿QUÉ HARÁ PARA PORTARSE COMO UN HOMBRE?

1. La verdadera autoridad masculina no viene por tener un pene o una posición. Viene por la oración. Viene por un historial de inversión. Viene por ocuparse de las murallas de defensa en sus campos. ¿Cómo se compara usted con esta definición? Júntese con sus amigos y explore estas cuestiones cuidadosamente en las vidas de los otros. Por tanto, ya sabe qué hacer. Ocúpese. Arrepiéntase. Reconstruya. Vuelva a intervenir. Repare. Y, de manera apropiada, reafirme.
2. Sin decirle mucho a otros afuera de la banda de hermanos que mencioné, primero camine por los muros invisibles de su hogar y su familia. ¿Hay aberturas? ¿Está alguien siendo atormentado? ¿En declive? ¿Bajo ataque? ¿Ha sido arrastrado por algún poder inmundo? Usted sabe a lo que me refiero. Nuevamente, usted sabe lo que debe hacer. Primero, enmiende los muros con oración, y luego en lo que sea que requiera un hombre poderoso, amante, tierno, seguro.
3. Tenga esto presente. El ser reemplaza el hacer excesivamente. Usted sabe que hacer algo es importante, si por ninguna otra razón por lo que se ha dicho en estas páginas. Pero de la misma manera que puede arruinar una jugada de golf al aplicar demasiada fuerza al tiro, o de la manera que puede dañar su automóvil por el mantenimiento excesivo, usted puede exagerar su responsabilidad de hombre. El ser reemplaza el hacer excesivamente. No por hacer algo normalmente, sino por exagerar. Pero primero debe actuar sabiamente. No trate

de compensar su inseguridad por exagerar con el hacer. No dará resultado y no dará frutos de justicia.

«CONVENCEMOS POR NUESTRA PRESENCIA».

—Walt Whitman, tomada de «Song of the Open Road», Leaves of Grass *(1900)*

EPÍLOGO: LA HISTORIA DE TAYLOR

Caballeros, quiero terminar este libro contándoles una historia más. Espero que les dé el deseo de actuar de la misma manera que lo hicieron los hombres de esta historia que les contaré.

Hay una iglesia que conozco y amo mucho. Casi todos sus miembros son afroamericanos, y lo más extraordinario de esta iglesia es el ministerio que tiene a los hombres. Francamente, es el mejor que he visto: audaz, feroz, eficaz y divertido; el cual se mide por la manera en que los hombres viven en sus hogares y comunidades con amor y rectitud. Es maravilloso.

La razón principal por que es maravilloso se debe a un hombre que llamaremos Taylor. Él tenía la habilidad de inspirar a los hombres para que siguieran el ejemplo de Jesús y que cumplieran sus destinos en el mundo. Además, tenía una risa contagiosa, daba abrazos rompecostillas y podía comer más que cualquier persona del estado.

El ministerio de Taylor a los hombres fue exitoso por muchos años, cambió vidas e impactó la comunidad. Bueno, ocurrió lo que a menudo sucede en las iglesias. Vino un nuevo pastor. Las prioridades cambiaron. Un nuevo presupuesto. Cuando todas las cosas se asentaron, Taylor quedó herido y se fue de la iglesia. Y se fue en serio de la iglesia. No hablaba con nadie. Se desconectó completamente. La esposa de Taylor le dijo a algunos de los hombres que él se había encerrado en su casa y no quería salir.

Esto continuó así por varias semanas y nadie hizo nada. Todos de alguna manera pensaban que eventualmente Taylor «superaría su enojo» y regresaría a su vida normal. Pero no lo hizo y pasaron varias semanas más.

Finalmente, dos de los hombres del ministerio estaban hablando y uno de ellos dijo: «Sabes, no quiero preguntarte dentro de cinco años: "¿Qué sabes del viejo Taylor? Qué persona excelente. Me pregunto cómo le irán las cosas". Pasamos juntos tiempos muy especiales y no me quedaré sentado dejando que él continúe deslizándose. ¡No lo haré!».

Los dos hombres se pusieron de acuerdo y decidieron hablar con los otros hombres. Entonces, todos ellos surgieron con el plan más sorprendente que haya surgido de un ministerio de la iglesia a los hombres.

Dentro de cuarenta y ocho horas, estos hombres hicieron campamento en el jardín de Taylor. Eran como 150. Determinaron que Taylor iba a tener que salir de la casa aunque fuera necesario que ellos tuvieran que quedarse allí, en un horario rotativo para que los hombres pudieran cumplir con sus empleos, hasta final de año si fuera necesario, pero no iban a abandonar a Taylor.

Imagínese a más de 150 hombres afroamericanos acampando en el gran jardín de Taylor con cables eléctricos atravesando la casa de los vecinos para alimentar sus televisiones y refrigeradores. Unas veinte parrillas y ahumadoras preparando las mejores barbacoas del mundo. Después de todo, eran hombres. ¡No iban a pasar hambre! Y pusieron enormes carteles por todos lados: «Taylor, sal fuera. ¡Te amamos!». «Taylor, eres un tonto. ¡Ven aquí!». «¡Taylor, sabemos dónde vives!».

Uno de los líderes después me dijo: «Nos divertimos, pero no creas que no fue un sacrificio. Los hombres negros no acampan, pero decidimos hacerlo por Taylor».

Esto continuó por varios días. Taylor nunca salió. Pero estos hombres se prepararon para estar allí por mucho tiempo.

Todo esto debe haber molestado a Taylor, porque al tercer día vino la policía. Taylor los había llamado. Cuando la esposa de Taylor y algunos de los líderes les explicaron lo que estaban haciendo, uno de los policías dijo: «¡Cómo me encantaría que los hombres de nuestra iglesia se amaran de esta manera. No se preocupen, nosotros nos encargamos». Los dos policías se subieron al patrullero y se fueron. Nadie entendió qué quisieron decir cuando dijeron: «Nosotros nos encargamos».

Al día siguiente la policía regresó y caminaron entre la multitud de los hombres y sin decir una palabra tocaron el timbre. Nadie respondió. Uno de los oficiales gritó: «Señor, ¿está usted ahí adentro? ¿Está bien? Recibimos un llamado de que posiblemente usted no estaba a salvo. Señor, va a tener que venir a la puerta para que sepamos que está bien. Señor, ¿hay armas ahí adentro?

Por supuesto, que nadie había llamado a la policía. Estos oficiales habían decidido ayudar.

Finalmente, Taylor fue a la puerta, y los hombres acampando en su jardín estallaron de gozo, lo cual duró hasta que Taylor terminó su conversación con los oficiales y volvió a meterse adentro.

Pero la policía regresó. Dos veces al día. Y no eran los mismos policías que venían. Eran diferentes hombres. Aparentemente, los primeros dos informaron a todo el departamento de la policía lo que estaba sucediendo y todos acordaron ayudar. Así que dos veces al día paraba una patrulla en la casa de Taylor. Dos veces al día la policía tocaba el timbre. Dos veces al día uno de los policías gritaba que había recibido un llamado y que tenían que estar seguros de que Taylor estaba bien. Y dos veces al día los hombres en ese jardín le gritaban su amor a Taylor.

El sexto día, alguien miró a la entrada y allí estaba Taylor, llorando profusamente y balbuceando cuánto lamentaba lo que hizo.

Y Taylor salió.

Esta es una historia verdadera. De hecho, no les digo adónde sucedió porque no estoy enteramente seguro si de alguna manera lo que hicieron los policías estaba en contravención de las regulaciones.

No obstante, les conté esta historia porque casi es la imagen de la hombría herida de nuestro tiempo. ¿Y cuál es la respuesta? Los hombres tienen que traer a los hombres. Los hombres tienen que apoyarse entre ellos. Los hombres tienen que rescatar a los hombres que se apartan. Los hombres necesitan de la presencia de otros hombres valientes, tanto vivos como muertos, para sacarlos del aislamiento e impulsarlos a ser lo que han sido llamados a ser.

Eso es todo. Esa es la historia. Y al centro de ella está la simple verdad con la que empezamos. No se quede sentado hablando para que con el pasar de los años luego se pregunte qué sucedió con su vida. Actúe. Actúe ahora. Actúe como un hombre. Haga lo que hacen los hombres. Hay tiempo para cambiar y Dios está con usted.

Entonces, ¿qué hará usted? ¿De qué manera se presentará como hombre?

SE BUSCA: UN HOMBRE LÍDER

No hay niño que no quiera crecer
para ser un hombre de corazón verdadero,
y todo muchacho quisiera saber
los secretos que podemos impartir.
No quiere ser perezoso ni huir,
¿no les has oído suplicar?
Él seguirá a un hombre en el juego o el trabajo
si tan solo el hombre lidera.

¿Dónde están los hombres que hoy lideran,
que dediquen una o dos horas?
Enseñando a un niño cómo jugar un juego
¿tal como debe hacer un hombre?
Las aldeas y los tugurios llaman: «¡Ven,
aquí están los muchachos!». Por cierto,
quién sabe en lo que se convertirán
si tan solo un hombre los lidera.

¿Dónde están los hombres que prestan una mano?
Qué se escuche el eco a lo largo y lo ancho,
hombres que en todo lugar se levanten,
reduciendo «La Gran Brecha».
Se unen las naciones y banderas y lenguas
uniendo cada clase y credo.
Aquí están los muchachos que lo harían bien,
¿pero adónde están los hombres que lideran?

—**AUTOR DESCONOCIDO**

PARTE TRES

Cuántos hombres han empezado un nuevo tiempo en su vida con la lectura de un libro.

—Henry David Thoreau, tomado de Walden; *o,* Life in the Woods *(1854)*

Las películas son la literatura de nuestro tiempo.

—Stephen Mansfield, tomado de un discurso hecho en la Universidad de Belmont, 2007

Que los hombres sean sabios por instinto, pero cuando no pueden serlo, que lo sean por los consejos prudentes de otros.

—Sófocles, tomado de su obra Antígona

Cuando el poder conduce al hombre hacia la arrogancia, la poesía le recuerda sus limitaciones. Cuando el poder reduce las preocupaciones del hombre, la poesía le recuerda la riqueza y diversidad de la existencia. Cuando el poder corrompe, la poesía limpia.

—John F. Kennedy, comentarios al recibir un grado honorario, Amherst College, 26 de octubre, 1963

CINCUENTA CITAS PARA HOMBRES VERDADEROS

«Cada momento y cada evento de la vida del hombre planta algo en su alma».

—Thomas Merton, tomado de New Seeds of Contemplation *(1961)*

«Aprendí que la valentía no es la ausencia de miedo, sino el triunfo sobre el miedo... El hombre valiente no es el que no siente miedo, sino aquel que conquista ese miedo».

—Nelson Mandela, tomado de Long Walk to Freedom *(1995)*

«Todo hombre debe decidir si caminará a la luz del altruismo creativo o en la oscuridad del egoísmo destructivo».

—Martin Luther King Jr., tomado de The Words of Martin Luther King, Jr., *por Coretta Scott King (1983)*

«La última medida de un hombre no es la posición que toma en momentos de comodidad y de conveniencia, sino la posición que toma en los momentos de desafío y controversia».

—Martin Luther King Jr., tomado de Strength to Love *(1963)*

«Vivimos en una cultura feminista y afeminada. Debido a esto, en el mejor de los casos, como pueblo nos sentimos incómodos con la masculinidad y, con una creciente regularidad, cuando logra de algún modo aparecer, llamamos para que alguien haga algo al respecto».

Douglas Wilson, tomado de Future Men *(2001)*

«El problema central de toda sociedad es definir apropiadamente los roles para los hombres».

—Margaret Mead, tomado de El hombre y la mujer: Un enfoque revolucionario de las relaciones entre ambos sexos *(1968)*

«Uno puede fingir virtudes para una audiencia, pero no las puede fingir ante los propios ojos».

—Ayn Rand, tomado de The Fountainhead *(1943)*

«La felicidad no consiste en divertirse; sería un absurdo que la diversión fuera el fin de la vida; sería también absurdo trabajar y sufrir durante toda la vida sin otra mira que la de divertirse... La vida dichosa es la vida conforme a la virtud; y esta vida es seria y laboriosa; no la constituyen las vanas diversiones».

—*Aristóteles, tomado de* Moral a Nicómaco

«Estas virtudes se forman en el hombre por su acción... Un hombre de bien, ejecuta a la perfección su obra y bellamente, en una vida completa».

—*Aristóteles, tomado de* Moral a Nicómaco

«¿Qué virtud hay en que un hombre sea bondadoso porque así fue criado? Ha sido su hábito desde la juventud. Pero un hombre que ha conocido la crueldad y la escasez, que sea amable y generoso con aquellos que han sido la causa de sus desgracias, este es un hombre virtuoso».

Deanna Raybourn, tomado de Silent on the Moor *(2009)*

«La diferencia entre la educación nueva y la vieja será importante. Donde la antigua operaba una iniciación, la nueva se limita a "condicionar". La antigua trataba con sus pupilos como un pájaro adulto trata con sus polluelos cuando les enseña a volar; la nueva trata con ellos como el avicultor hace con estos, tratándolos de tal o cual manera con propósitos de los que el pájaro no tiene ni idea. En una palabra: la antigua era una especie de propagación, de hombres que transmiten a otros lo que es ser hombres, mientras que la nueva es simple propaganda».

C. S. Lewis, tomado de La abolición del hombre *(2016)*

«La virtud es un estado de guerra, y para vivir virtuoso siempre hay que liberar algún combate consigo mismo».

—Jean-Jaques Rousseau, tomado de Julia, o la nueva Eloísa, *traducción de* Julie, ou la nouvelle Héloïse *(1761)*

«No hay peor cosa para un hombre pequeño que la sombra de uno grande».

—Washington Irving, tomado de «The Author's Account of Himself», primera parte de The Sketch Book of Geoffrey Crayon, Gent. *(1819-1820)*

«El hombre superior busca la perfección en sí mismo. El hombre inferior la busca en los otros».

—Confucio, tomado de The Ethics of Confucious, *Analectas, lib. xv (1915)*

Cuántos hombres han empezado un nuevo tiempo en su vida con la lectura de un libro.

—Henry David Thoreau, tomado de Walden; *o,* Life in the Woods *(1854)*

«Usted puede descubrir a qué más le tiene miedo su enemigo al observar los métodos que él usa para asustarlo».

—Eric Hoffer, tomado de The Passionate State of Mind *(1955)*

«La preocupación es correr hacia el futuro y verlo aparte de la gracia de Dios».

—Rice Brocks, en Twitter, 2012

«El hombre pequeño es chismoso. El hombre promedio lo deja. El hombre grande permanece en silencio y permite que lo que de él se dice lo haga aún más grande».

—Stephen Mansfield

«En todas partes la sociedad conspira contra la hombría de sus miembros. La virtud más exigida es la conformidad. La confianza en sí mismo es su aversión. No quiere realidades ni creadores, sino nombres y costumbres».

—Ralph Waldo Emerson, «Confianza en sí mismo» (ensayo), tomado de Ensayos: Primera serie *(1841)*

La adversidad fortalece la hombría, y la característica de un hombre bueno o grande no es que haya sido exento de los males de la vida, sino que los haya superado».

— Patrick Henry, tomado de «The Southern Literary Messenger», cita en Patrick Henry: Life, Correspondence, and Speeches *(1891)*

«Los padres son para los hijos lo que el herrero es para la espada. El trabajo del herrero no es solo hacer la espada, sino también mantener su punta afilada. El trabajo del padre es mantener a su hijo afilado y así salvarlo del quebranto de la insensatez. El filo que le da a su hijo lo hace por medio de la disciplina».

—Steve Farrar, tomado de King Me: What Every Son Wants and Needs from His Father *(2006)*

«De eso se trata la paternidad. Es enseñar y capacitar a su hijo para que sea un hombre y asuma el liderazgo familiar para la siguiente generación. Usted no tiene otro llamado más alto en la vida. Esta es la asignatura que Dios le ha dado».

—Steve Farrar, King Me

«Sé el hombre que hubieras deseado que fuera tu padre, y no estarás repitiendo, "Es que mi padre nunca estuvo cerca"».

—Anónimo

«Si un hombre no ha descubierto algo por lo cual morir, no es apto para vivir».

—Martin Luther King Jr., tomado de su discurso en Detroit, Michigan (23 de junio, 1963)

«Los hombres, en una palabra, necesariamente deben ser controlados, bien sea por un poder interno o por un poder externo a ellos; bien sea por la Palabra de Dios o por el brazo fuerte del hombre; bien sea por la Biblia o por la bayoneta».

—Robert Winthrop, tomado de un discurso a la Sociedad Bíblica de Massachusetts, cita en Robert Winthrop, Addresses and Speeches on Various Occasions *(1852)*

«Aquello que vuestros padres os entregaron; para poseerlo debéis volver a ganarlo».

—Antigua máxima celta

«Las cosas que un hombre debe tener son esperanza y confianza en sí mismo bajo condiciones adversas, y a veces necesitará de alguien, su amigo o su madre o su esposa o Dios, para darle esa confianza. Debe tener estándares internos por los que valga la pena luchar porque si no, no habrá ninguna manera de que entre a un conflicto. Y debe estar preparado para elegir la muerte antes que la deshonra sin hacer mucha pantomima de ello. Eso es todo».

—Clark Gable, cita en The Honeycomb *por Adela Rogers St. Johns (1969)*

«¡Qué bella es la masculinidad, si encuentra su expresión correcta!».

—D. H. Lawrence, tomado de Sea and Sardinia *(1921)*

«Debido a que queda muy poco honor en la vida estadounidense, hay una cierta tendencia integrada a destruir la masculinidad en los hombres estadounidenses».

Norman Mailer, tomado de Cannibals and Christians, *«Petty Notes on Some Sex in America» (1966; primera publicación en Playboy 1962-1963)*

«No es el crítico el que cuenta, ni el hombre que señala cómo el hombre fuerte dio un traspié, ni qué hubiera hecho mejor el que realizaba el acto. El crédito es del hombre que se encuentra en el anfiteatro, cuya cara está estropeada por el polvo, el sudor y la sangre; el que lucha valientemente; el que se equivoca y vuelve a equivocarse una y otra vez; porque no hay esfuerzo sin equivocaciones y errores; el que se esfuerza por el triunfo de lograr algo; aquel que conoce la gran devoción y se dedica a una causa digna; el que, en el mejor de los casos, conoce al final el triunfo de una gran realización; y que en el peor, si falla, al menos ha hecho un intento extraordinario, de modo que su lugar nunca estará cerca de aquellas almas frías y tímidas que no conocen ni la victoria ni la derrota».

—Theodore Roosevelt, tomado de su discurso «Citizenship in a Republic» del 23 de abril, 1910, en el Sorbonne, Paris, Francia

«Todos los hombres sueñan, pero no igual, los que sueñan de noche, en los polvorientos recovecos de su espíritu, se despiertan y descubren que era vanidad. Mas los soñadores diurnos son peligrosos, porque viven su sueño con los ojos abiertos, para hacerlo posible».

—*T. E. Lawrence, tomado de* Los siete pilares de la sabiduría *(1922)*

«Yo quiero predicar, no la doctrina de la pereza innoble, sino la doctrina de la vida vigorosa, la vida del esfuerzo, del trabajo y de la lucha; quiero predicar la forma más elevada del éxito que llega no por el hombre que se conforma con una paz fácil, sino por aquel que no rehúye del peligro y los sufrimientos, ganando, a virtud de estos, el espléndido triunfo definitivo».

—*Theodore Roosevelt, tomado de su discurso «La vida vigorosa» en Chicago, Illinois, el 10 de abril, 1899*

«Nos reímos del honor y nos sorprendemos de que haya traidores entre nosotros. Castramos y exigimos a los castrados que tengan prole».

C. S. Lewis, tomado de La abolición del hombre *(2016)*

«Hace años la hombría era una oportunidad para la realización, y ahora es un problema para superar».

—*Garrison Keillor, tomado de* The Book of Guys: Stories *(1994)*

«Un joven es aún más joven cuando se cree
todo un hombre, sin aún haberse dado cuenta
que debe demostrarlo por sus acciones».

—Mary Renault, tomado de El rey debe morir *(1988)*

«Esta historia la enseñará el buen hombre a su hijo,
y desde este día hasta el fin del mundo
la fiesta de San Crispín Crispiniano
siempre estará asociada a nuestro recuerdo,
el recuerdo de nuestro pequeño ejército feliz,
nuestra banda de hermanos;
porque el que vierte hoy su sangre conmigo será mi
hermano; por muy vil que sea,
esta jornada ennoblecerá su condición,
y los caballeros que permanecen ahora
en el lecho en Inglaterra
se considerarán como malditos
por no haberse hallado aquí,
y tendrán su nobleza en bajo precio
cuando escuchen hablar
a uno de los que hayan combatido con
nosotros el día de San Crispín».

—William Shakespeare, tomado de La vida del rey
Enrique V, *Acto 4, escena III (traducción).*

«En este largo embate de toda la vida que debemos librar individualmente contra las huestes enemigas, el último requisito para una buena pelea, la última evidencia y prueba de nuestra valentía y hombría, debe ser la lealtad a la verdad: la virtud más escasa y difícil de todas las cualidades humanas. Porque tal lealtad, al crecer en la perfección, cada vez nos exige más y pone delante de nosotros un estándar de hombría cada vez más alto».

—Thomas Hughes, tomado de The Manliness of Christ *(1880)*

«Anhelo que los niños sientan que no hay nada en este mundo más atractivo que la hombría en Jesucristo».

—Henry Ward Beecher, tomado de Josiah Hotchkiss Gilbert en Dictionary of Burning Words of Brilliant Writers *(1895)*

«El hombre, de quien digo que es digno de así llamarse, es aquel cuyos pensamientos y esfuerzos son para los demás en lugar de para sí mismo».

Walter Scott, citado por Charles D. Cleveland en English Literature of the Nineteenth Century *(1857)*

«En su hombría, el hombre no busca órdenes, ni leyes coactivas, sino el consejo de aquel que es bueno y serio, y fiel en la amistad que hace libre al hombre».

—Dietrich Bonhoeffer, tomado de «The Friend» *(1952)*

«Es muy triste que un hombre se haga siervo de una sola cosa; que toda su virilidad sea extraída por la presión hidráulica del negocio excesivo».

—Theodore Parker, tomado de Tryon Edwards en A Dictionary of Thoughts: Being a Cyclopedia of Laconic Quotations from the Best Authors, Both Ancient and Modern *(1891)*

«Esta es la prueba de su hombría: ¿cuánto queda en usted después de perderlo todo, fuera de usted mismo?».

—Orison Swett Marden, tomado de «After Failure,—What?» publicado en Success Magazine, *enero de 1905*

«Algunos hombres creen que su masculinidad solo puede probarse si experimentan en su vida las conversaciones del vestuario, engreídos y convencidos de que si la mujer no se entera, no le dolerá. La verdad es que, de algún modo, muy profundamente, aunque ella no encuentre restos de pintalabios en el cuello de la camisa o pesque a su marido poniendo excusas acerca de dónde estaba a las tres de la mañana, una esposa sabe, es consciente, y con esa consciencia parte de la magia de la relación desaparece. Hay más hombres quejándose sobre el matrimonio que han arruinado la relación ellos mismos que mujeres que merezcan la culpa».

—Ronald Reagan, tomado de una carta que él escribió a su hijo, Michael Reagan, en junio de 1971, justo antes de su boda

«Hay una antigua ley de la física que dice que solo puedes sacar algo de una cosa según lo que primero has colocado en ella. El hombre que solo pone la mitad de lo que posee en el matrimonio, eso es lo que sacará».

—Ronald Reagan, carta a su hijo Michael Reagan

«Cualquiera puede encontrar un insensato por aquí y por allí que esté de acuerdo con la infidelidad, y para eso no se necesita mucha hombría. No obstante, tiene que ser un gran hombre para permanecer atractivo y ser amado por una mujer que lo escucha roncar, lo ve desafeitado, lo cuida cuando está enfermo y lava sus calzoncillos sucios. Si con todo eso todavía la mantienes sintiendo ese cálido resplandor, conocerás una música muy hermosa».

—Ronald Reagan, carta a su hijo Michael Reagan

«Desafiante y valiente, la perseverancia de hierro ante el infortunio forma un tipo de hombría más fina y noble».

—Theodore Roosevelt, tomado de su discurso dado en el Naval War College, 2 de junio, 1897

«La historia está plagada de naufragios de naciones que ganaron un poco de progresividad al precio de deshacer la hombría, así preparándolos para la destrucción tan pronto esos movimientos del mundo presentaron la oportunidad».

—Walter Bagehot, tomado de «The Use of Conflict», en Physics and Politics *(1872)*

«No hay carácter humano más despreciable que el de un sentimentalista flojo y soñador que pasa su vida revolviéndose en un mar de sensibilidad y emoción, pero que nunca actúa de manera concreta».

—William James, tomado de The Principles of Psychology, Volume 1, *publicado originalmente en 1890*

«La vida es demasiado corta para ser pequeña. El hombre nunca es tan hombre como cuando siente profundamente, actúa con valentía y se expresa con franqueza y con fervor».

—Benjamin Disraeli, tomado de Coningsby; *o* The New Generation *(1844)*

«En tiempos pasados había rituales de iniciación que conducían a un niño a la hombría, donde otros hombres le impartían la sabiduría y las responsabilidades que debían ser compartidas. Pero hoy ya no tenemos rituales. No somos conducidos a la hombría; simplemente nos encontramos en esa posición».

—Kent Nerburn, tomado de Letters to My Son: A Father's Wisdom on Manhood, Life, and Love *(1994)*

LIBROS ESENCIALES PARA VERDADEROS HOMBRES

Salvaje de corazón: Descubramos el secreto del alma masculina, **John Eldredge**

Este libro les dio a los hombres cristianos, y tal vez a los hombres de fe en general, las herramientas para entender y vivir las pasiones esenciales de la hombría. Además, también les dio permiso para tomar en serio lo «salvaje» en sus almas. Este es un libro muy importante. Uno de mis sentimientos favoritos Eldredge lo expresa en varias maneras: «Usted me pregunta: "¿Adónde están los hombres?" Yo digo: "Ustedes los han hecho mujeres"».

Medio tiempo: Cambiando tu plan de ataque del éxito al significado, **Bob Buford**

No hay otro libro mejor sobre la transición que el hombre debe hacer a mitad de su vida para cumplir su propósito y terminar bien su vida. Léalo mientras es joven para saber lo que le espera. Léalo a la mitad de la vida para tener un plan. Léalo en la ancianidad para entender lo que ha hecho y así guiar a otros en el mismo camino.

***La batalla de cada hombre: El reto que cada hombre enfrenta... la lucha que cada hombre debe ganar,* Stephen Arterburn**

Arterburn hace lo que tanto padres como hermanos justos debieron haber hecho por nosotros si hubieran existido en nuestras vidas: enseñarnos cómo vencer la tentación sexual para poder vivir una vida abundante, vidas sexuales emocionantes según la intención de Dios. Todos los hombres deberían leer este libro.

***El gran libro de los hombres: Trucos y consejos prácticos para el hombre de hoy,* Brett y Kate McKay**

Me encanta todo lo que se incluye sobre el arte de la masculinidad en todas sus manifestaciones. Un sitio web absolutamente esencial. Los libros. Los pódcasts. En su búsqueda de la hombría vital, no querrá perderse todos los recursos ofrecidos por los McKay. Un día aprenderá cómo se corta y se sirve el pavo, luego cómo mantener la hombría en la amistad, y en el tercero será conmovido por una discusión de las virtudes masculinas de la Edad Media. ¡Es maravilloso!

***La crianza de un caballero moderno: El papel que desempeña un padre en guiar a su hijo a la verdadera hombría,* Robert Lewis**

El título nos revela lo que necesitamos saber sobre este libro. Lewis define la hombría en términos caballerescos y nos enseña cómo hacer de nuestros hijos hombres verdaderos caballeros excepcionales. Mi hijo es un hombre excepcional, pero cómo me hubiera gustado que existiera cuando empecé mi vida como padre.

DIEZ PELÍCULAS ESENCIALES PARA VERDADEROS HOMBRES

Seabiscuit

En los 1930, el caballo de carrera, de forma irregular y demasiado pequeño para correr, Seabiscuit, ocupó más lugar en los titulares de las columnas de los diarios que Adolfo Hitler o Franklin Roosevelt. Las lecciones para los hombres emergen de la vida de tres hombres que deben vencer el fracaso y la disfunción, para redimirse a sí mismos y ganar con su magnífico caballo pequeño.

Carros de fuego

En los años inmediatos después de la Primera Guerra Mundial, dos corredores compiten por la gloria: uno para su Dios y el otro por la victoria olímpica en respuesta al antisemitismo punzante de la época.

De la vida de estos dos hombres surgen lecciones de carácter al enfrentar la desilusión y la prueba de su fe.

En busca de la felicidad

Esta es una historia verdadera de un hombre que cae en tiempos difíciles, pero determina responsabilizarse por su hijo y por el reposicionamiento de su vida. Nuestro héroe, interpretado por Will Smith, debe soportar el quebranto, el prejuicio, el crimen y una esposa rencorosa cuando empieza su ascenso hacia una nueva vida y un nuevo legado para su hijo. Destripe: el hombre representado en la película tiene una participación especial al final.

¡Qué bello es vivir!

Este clásico sentimental no solo es una obra maravillosa de la época, sino que también nos enseña la lección fundamental de que a veces nuestros sueños se quedan sin realizar porque interviene un sueño más grande. Además, la representación del impacto que tiene la vida de un hombre sobre su comunidad nos desafía a que vivamos vidas más significativas. Solo merece ser vista por una escena que muestra la devastación que produjo la Gran Depresión en una aldea.

La sociedad de los poetas muertos

Esta película representa la moralidad trancendentalista que presenta la fotografía de Walt Witman y las frases emotivas de Henry David Thoreau. El tema central es el poder de inspiración que tiene la literatura y el choque de generaciones que a menudo sucede. El libreto está lleno de lecciones para la vida y la hombría. Un ejemplo: «Los deportes son una oportunidad para que otros seres humanos nos empujen hacia la superación». Esta fue la película que grabó en nuestra cultura la frase del latín *carpe diem*, «aprovecha cada día».

Apolo 13

Un «fracaso exitoso». Esto fue lo que la NASA llamó a la misión del Apolo 13, que fue repentinamente abortada poco después de su lanzamiento en 1970 debido a una falla masiva a nivel técnico en su trayectoria a la luna. Esta película no solo es una obra maestra de Ron Howard con la participación estelar de Tom Hanks; también es un recordatorio que llevar un proyecto fallido a un final satisfactorio es una victoria. La mayoría de los hombres tendrán la oportunidad para afectar estos «fracasos exitosos» en sus vidas. Muchas de las habilidades para lograr estas hazañas se presentan en esta película visualmente impresionante. Un principio que podemos aprender de esta película es que «el fracaso no es una opción».

El discurso del rey

Es la emocionante e inspiradora historia del rey Jorge VI luchando para vencer su tartamudez, justo cuando reemplazaba a su hermano en el trono y Europa descendía a los horrores de la Segunda Guerra Mundial. Es una valiosa lección de historia y una representación de cuánto puede significar para el mundo el carácter de un hombre. La amistad entre el rey y un plebeyo es también un estudio fascinante de cómo los lazos de la hombría vencen los obstáculos de la clase y del poder.

Hombres de honor

¿Cómo logra un hombre negro alcanzar su sueño de ser un Maestro de Buceo en la Armada de Estados Unidos, después de la Segunda Guerra Mundial? Este fue el desafío que enfrentó el Maestro Suboficial Jefe de la Marina Carl Brashear, cuyas luchas auténticas inspiraron esta película. Con la actuación estelar de Robert De Niro y Cuba Gooding Jr., esta película es un estudio de las virtudes de la hombría vividas ante un racismo aplastante y la batalla ardua de dominar una de las profesiones más peligrosas y difíciles.

Hoosiers

F. Scott Fitzgerald una vez escribió: «No hay segundas oportunidades en la vida de los estadounidenses». Él estaba equivocado y

Hoosiers, otra historia verdadera contada con emoción, lo comprueba. Un entrenador con un pasado intenta redimirse en un pequeño pueblo de Indiana donde el baloncesto es una santa liturgia y los valores del campo chocan con las pasiones de la cancha. La representación del área rural de Indiana de los 1950 es dolorosamente bella. Al final, se hace historia y el amor prevalece. Las lecciones de hombría que se aprenden son invaluables.

El último samurái

El código del guerrero es una característica esencial en la cultura de la hombría. Esta película es una meditación sobre esta verdad como se ejemplifica en el código Bushido del sintoísmo. Escrita y dirigida por Edward Zwick con la actuación estelar de Tom Cruise, hay pocos ejemplos más poderosos de un período, de una cultura, y de los lazos de hombres en armas.

RECONOCIMIENTOS

UNA DE LAS PECULIARIDADES DE MI VIDA ES QUE MI MADRE estableció en mí la visión para la hombría a la cual aspiré toda mi vida. Ella creció en el hogar de un oficial del ejército que quedó temporalmente paralítico peleando en Alemania durante la Segunda Guerra Mundial, y luego en aquel entonces se desempeñó al servicio del General Douglas MacArthur en el Extremo Oriente. Luego se casó con un segundo teniente recién acuñado que eventualmente peleó en Vietnam y se desempeñó como jefe de inteligencia en Berlín durante los amargos días de la Guerra Fría. Ella sabía algo de lo que significaba ser un hombre y quería que su hijo fuera uno. Su reprensión más punzante la daba en forma de petición: «¿Podrías comportarte como hombre?». Ella era maestra por naturaleza y a menudo incluía lecciones de hombría en nuestras largas horas de conversación. «Eso no es lo que un hombre haría», decía calladamente, tal vez después de leer algo en el diario sobre algún crimen o una familia que quedó empobrecida por el alcohol. Si alguno de los compañeros oficiales de mi padre se comportaba heroicamente, mi madre con respeto decía: «Bueno, es un *hombre*», como si la palabra *hombre* captara todo lo que era sublime y valiente en el mundo.

¡Cuánto deseaba encarnar su visión trascendente de la hombría! Aún lo hago.

Me fui de la casa de mis padres y entré al mundo cuando la verdadera masculinidad ya estaba en crisis. Eso fue en los 1970. La hombría era percibida como poco más que un estilo. Era más identificada por un perfume que por la condición del alma. Me llevó solo conocer unos pocos hombres genuinos para convencerme de que mi generación de hombres se estaba haciendo andrógina y a esto lo llamaban liberación. Con el tiempo se dieron cuenta de que no liberaba a nadie.

Nada confirmó esto más para mí que el día que pasé con el entrenador John Wooden de la UCLA. Esta confirmación también llegó de los años que pasé estudiando y escribiendo acerca de Winston Churchill, mi héroe y modelo para la grandeza masculina. A través de los años, tuve el privilegio de conocer a hombres como el Teniente General William Boykim, al estar integrado con las tropas de EE. UU. en Irak, por su nombre entre mis amigos de la Fuerza Delta, y por caminar junto a hombres que exhibieron honor en diferentes arenas como el quirófano y la comunidad, el fútbol americano de los lunes por la noche y las clases en el secundario.

Además recuerdo con lágrimas que el joven sin brazos ni piernas que todas las mañanas subía al autobús en el centro de Nashville para ir a trabajar veinte millas de ida y otras veinte de vuelta, con gozo sonriendo a todos los que pasaban a su lado, probablemente fue el hombre más extraordinario que haya visto.

Crecí para entender un poco sobre la hombría correcta y me encantaba volver a contar las historias de la grandeza masculina con amigos que compartían intereses similares. Nadie disfrutaba esto más como mi amigo Jim Laffoon. Él me incitaba para que describiera a Churchill, Alfredo el Grande, o quizás a Lincoln y luego exclamaba con placer: «¡Dios mío! Ese sí que era hombre, ¿qué te parece, Steve? En serio, ¡ese sí que era *hombre*!». Nos quedábamos conversando tarde en la noche, contando historias como si intentáramos mantener el fuego de la masculinidad ardiendo para nuestra generación.

Esta esperanza generacional fue lo que inspiró a Joel Miller, mi editor de Thomas Nelson, para imaginar y diseñar este libro. Estoy agradecido. Verdaderamente es un hombre que vive la masculinidad correcta en maneras sacrificiales que muy pocos llegan a ver. No puedo pedir por un mejor socio para el agitado mundo de los libros.

Mi hija, Elizabeth, me ayudó a editar este manuscrito y fue dulce recibir sus comentarios reflexivos como una guía. Un día, trabajando juntos, ella me dijo que esperaba que su futuro esposo se pareciera a los hombres descritos en este libro. No te preocupes, querida; ¡de eso me aseguraré!

Mientras escribía, muchos de mis amigos contribuyeron material. Mi compañero de guerra, David Holland, me ayudó con las investigaciones extensas. Su visión de la historia es invaluable, como lo ha sido con algunos de mis otros proyectos. El italiano loco Todd Bulgarino, que es uno de los mejores padres que he conocido, también me proveyó material, como lo hicieron George Grant y también Joel Miller. Cuando me llegó el prólogo por el general Boykin, me dio un mayor anhelo de ser un mejor hombre y escritor. Me siento honrado de que sus pensamientos sean parte de este libro.

Por último, todo lo que soy se lo ofrezco a Bev, cuyas maneras femeninas me mantienen en la esperanza de convertirme en el hombre que ella merece.

NOTAS

El legado

1. Randolph S. Churchill, *Winston Churchill: Mi juventud. Autobiografía*, 1900 (España: Editorial Almed, 2010).
2. Martin Gilbert, *Churchill: A Life* (Nueva York: Henry Holt and Company, 1991), p. 23.
3. Ibíd., p. 19.
4. *Churchill: Youth*, p. 189 [*Mi juventud. Autobiografía* (España: Editorial Almed, 2010)].
5. Winston Churchill, *My Early Life: A Roving Commission* (Macmillan Publishing Company, 1930), p. 62.
6. William Manchester, *The Last Lion: Winston Spencer Churchill, Visions of Glory, 1874-1932* (Nueva York: Brown and Company, 1983), p. 188.
7. Ibíd., pp. 188-189.

La bendición

8. Gene Smith, *Until the Last Trumpet Sounds: The Life of General of the Armies John J. Pershing* (Nueva York: John Wiley & Sons, Inc., 1998), p. 290.

La búsqueda

9. Dale L. Morgan, *Jedediah Smith and the Opening of the American West* (Lincoln, NE: Bison Books, University of Nebraska Press, 1964).
10. Jon Krakauer, *Hacia rutas salvajes* (Madrid: Ediciones B, 2018).

El humor

11. Ian Ker, *G. K. Chesterton: A Biography* (Oxford University Press, 2011), p. xcv.

12. Dale Ahlquist, *G. K. Chesterton: The Apostle of Common Sense* (Ignatius Press, 2003), pp. 11-12 [*El apóstol del sentido común* (Libros Libres, 2006)].
13. Ibíd.
14. Ibíd.
15. Esta selección de citas por G. K. Chesterton fue tomada de Dale Ahlquist, *G. K. Chesterton: el apóstol del sentido común* (Libros Libres, 2006) y de Ian Ker, *G. K. Chesterton: A Biography* (Oxford University Press, 2011).
16. Estas historias pueden encontrarse en Winston Churchill, *The Irrepressible Churchill, 1874-1965*, Kay Halle, ed. (Cleveland: World Pub. Co., 1966), p. 1.

El autoaprendizaje

17. Randolph S. Churchill, *Winston S. Churchill: Youth, 1874-1900* (Boston: Houghton Mifflin Company, 1966), p. 322 [*Winston Churchill: Mi juventud. Autobiografía*, 1900 (España: Editorial Almed, 2010)].
18. Merle Miller, *Plain Speaking: An Oral Biography of Harry S. Truman* (Nueva York: Harper y Row, 1980), p. 69.
19. Robert H. Ferrell, *Off the Record: The Private Papers of Harry Truman* (Nueva York: Harper y Row, 1980), p. 187.
20. Miller, *Plain Speaking*, p. 21.
21. David McCullough, *Truman* (Nueva York: Simon y Schuster, 1992), p. 463.
22. Ibíd., p. 986.

El salvajismo

23. David McCullough, *Mornings on Horseback* (Nueva York: Simon y Schuster, 1981, 2001), p. 90.
24. Ibíd., p. 112.
25. Ibíd.
26. Nathan Miller, *Theodore Roosevelt* (Nueva York: William Morrow, 1992), p. 155.
27. Ibíd.
28. Edmund Morris, *The Rise of Theodore Roosevelt* (Nueva York: Coward, McCann & Geoghegan, 1979), p. 298.
29. Thomas Russell, ed., *Life and Work of Theodore Roosevelt* (Nueva York: L. H. Walter, 1919), p. 116.

El perdón

30. «The Lebar Brecc Homily on St. Patrick», de Whitley Stokes, *The tripartite life of Patrick: With other documents relating to that saint* (1887).
31. Párrafo 16 de St. Patrick's *Confessio* [La confesión de San Patricio], de la Academia Real Irlandesa bajo Creative Commons License, www.confessio.ie/#. Todas las citas aquí son una traducción libre de *Confessio*.
32. Frederick Buechner, *Wishful Thinking: A Theological ABC* (Nueva York: Harper y Row, 1973).

El sufrimiento

33. Carta a John Stuart, el 20 de enero, 1841, cita tomada de Roy P. Basler, Marion Dolores Pratt, y Lloyd A. Dunlap, editores, *The Collected Works of Abraham Lincoln* (New Brunswick: Rutgers University Press, 1953), vol. 1, p. 228.
34. Douglas L. Wilson y Rodney O. Davis, editores, *Herndon's Informants* (Chicago: University of Illinois Press, 1998), pp. 133, 475.
35. Cita tomada de Richard Lawrence Miller, "Lincoln's Suicide Poem: Has It Been Found?" *For the People* 6, n.º 1 (Primavera 2004), p. 6.
36. Joshua Wolf Shenk, *Lincoln's Melancholy: How Depression Challenged a President and Fueled His Greatness* (Nueva York: Houghton Mifflin Company, 2005), p. 12.

La visión

37. Rudyard Kipling, *Something of Myself* (Cambridge University Press, 1990), pp. 5-6 [Algo *de mí mismo* (Editorial Pre-Textos; 2.ª ed., 2009), https://onemorelibrary.com/index.php/es/?option=com_djclassifieds&format=raw&view=download&task=download&fid=5877
38. Ibíd.
39. Ibíd.
40. Ibíd.
41. William James Dawson, *The Making of Manhood* (Nueva York: Thos. Crowell and Son, 1894), p. 101.
42. Rudyard Kipling, *Life's Handicap: Being Stories of My Own People* (Nueva York: Doubleday, Page & Company, 1916) [*El Handicap de la vida* (CreateSpace Independent Publishing Platform, Marzo 2016)].

La humildad

43. Emmett J. Scott y Lyman Beecher Stowe, *Booker T. Washington: Builder of a Civilization* (Nueva York: Doubleday, Page & Company, 1916), p. xii.
44. William Mountford, *Euthanasy: Or, Happy Talk Towards the End of Life* (Boston: Wm. Crosby y H. P. Nichols, 1848), p. 264.

La presencia

45. Para más información sobre este fascinante episodio de la historia estadounidense y la función que desempeñan los capellanes militares, lea mi libro *The Faith of the American Soldier* (Charisma House, 2005).

ACERCA DEL AUTOR

STEPHEN MANSFIELD ES UN AUTOR *BEST SELLER* DEL *NEW YORK Times* sobre libros de historia y cultura contemporánea. Sus obras incluyen *La fe de George W. Bush, The Search for God y Guinness, Never Give In: the Extraordinary Character of Winston Churchill, La fe de Barack Obama,* y *Lincoln's Battle with God.* Mansfield es un reconocido conferencista que entrena a líderes alrededor del mundo. Mansfield vive en Nashville y Washington D. C. con su esposa, Beverly, quien es una compositora y productora premiada. (StephenMansfield.TV)